U0948679

男人真相

知己知彼方能迎男而解

薛好大 著

CNS 湖南文艺出版社 HUNAN LITERATURE AND ART PUBLISHING HOUSE 博集天卷 CS-BOOKY

自序
男人，让你欲罢不能

不记得从什么时候开始，女网友们愿意把自己的情感经历和我分享。为什么用“分享”这个词？

首先，我不是情感专家，情感专家是这个世界上最不应该存在的职业，因为任何一段感情都不可能在指导下完成，也无须指导，就像任何一个正常的成年人都不需要把尿一样。

其次，关于她们遇到的苦恼和困惑，其实她们心里都有一个答案，只不过那个答案是当事人最不愿意面对，也最难面对的。情绪总需要通过倾诉来排解，最好找个无关紧要的陌生人，我，便成了比较理想的对象。

Preface

几年下来，看尽了人情冷暖，于是，我决定写本书给她们，一本由男人来写男人的书。这本书没有高深的理论，也无意于揭穿什么，更不想贬低男人去迎合某些人的口味，它只是试图用一些人的亲身经历，对男人做出一份说明。

真相未必是美好的，但也不都是可怕的，男人这种生物也有他的可爱之处。希望这本揭示男人共性和特点的小书，可以让那些依然迷茫的女生清楚地了解自己适合与哪种男人共度今生，让那些坠入爱河的女生避开暗礁险滩，更好地与男人相处。

如果碰巧做到了，我会开心一阵子。

目录

Contents

Chapter_2
中华男儿多奇葩，不信我来扒一扒

Chapter_3
男人这样表现时，你要小心啦

Contents

男人真相

Chapter_4

挑男人挑什么

Chapter_5

男人最吃这一套

Contents

Chapter_6

疑“男”杂症专区

THE TRUTH
ABOUT MEN

男人和女人相处，在某种程度上和游戏是一样的。感官刺激、新奇、技术含量缺一不可，并且要有一定的难度系数。以上条件的级别越高，男人迷恋你的时间越长。试想一下，如果你只是一款连连看的话，几天也就腻了。

男人真相

Chapter_1

乖，男人的心思你别猜

_ 别告诉我你懂男人

_ 直男的怪品味

_ 男人梦，英雄梦

_ 我比金秀贤，只差一点点

_ 貌美胸大，不如刀塔

_ 直男天生怕麻烦

_ 他不是你的王子

_ 好兄弟，一辈子

_ 出轨这事儿

_ 有些真相宁愿看不到

_ 先救你还是先救妈

_ 雄性侦察机

01.

别告诉我你懂男人

午后的咖啡馆，阳光慵懒而适意，坐在对面的女生，优雅、大方，像从陈逸飞的油画里走出来的一般。

我问她：“你期待什么样的男人？”她下意识地撩了撩头发，把身子坐直，喃喃道：“温柔、善良，不揭穿我的口是心非，包容我的任性，我高兴的时候陪我一起高兴，我不高兴的时候哄我高兴。当然，经济基础是必不可少的。我期待的爱情，要从根本上提高生活品质……”

“那么你觉得男人需要的是什么？”我接着问。她眉头轻轻上扬，眼睛里闪过一丝轻蔑的光：“你们男人，最需要的不就是床上那十五分钟吗？当然，有的还不到十五分钟。”

恕我直言，很多女性，尤其是有姿色的女性，认为男人是只会用下半身思考的动物，所以根本不屑于去了解他们，这是很危险的。除去那些极端的单身主义者，大部分女性还是会选择和男人相伴终老。即便是一部家用电器，也要看懂使用说明书吧？如果女人愿意用打扮自己百分之一的时间去认真了解男人，世界将会美好很多。

当一个男人对你说，他只想一心一意对你好，不图任何回报，对不起，他是骗你的，没有不期待回报的付出。所以，当你希望从男人那里得到一些东西时，你首先要了解他需要什么。简单地说，男人需要的是被认可、被尊重，心爱的女人觉得离开他就不能活，包括在床上。

没错，男人就是这样虚荣地行走在世间。对于当下恶劣的环境来说，男人的主宰地位日趋尴尬，女人在各方面来势汹汹，男人的压力越来越大，用两句诗可以形容：男人三十两不堪，求生不易死不甘。即便如此，社会和家庭的重任依然由男人来承担，女人要想得到关爱与呵护，首先要表现出你对男人的需要。

如果你理直气壮地说："离开男人我一样活得很好。"我只能夸你是当代女雷锋，把所有福利都留给别人，所有问题都自己扛。很多女同胞会天天求神拜佛希望你这样的人越多越好，这样一来，男人就可以由她们随意挑选了。另外，**当男人发现你根本不需要他，他就会自然而然地用对待男人的方式来对待你。有些女人总是纳闷为什么没有人追求自己，很简单，哪个直男愿意去搞自己的同类呢？**

接下来我想告诉你，世界上没有完美先生。男人就像运动鞋，不论多么名贵，是哪种品牌，穿久了都是会臭的，懒惰、拖拉、自大，这些是男人的共性。没有人会蠢到让一台洗衣机既会洗衣服又会做饭还能拖地，对待男人也应该有这样的态度。帅气富有的可能花心，诚实善良的可能缺乏情趣，愿意花很多时间陪你的可能没本事赚钱……当然，如果一个男人在你面前表现得过于完美，那么结论只有一个，他是装的。

需要一个什么样的男人，其实只有你自己知道，不要轻易听从他人的意见，尤其是闺密的意见。然而，针对网络上流行的看脸的坏风气，我希望女同胞们还是要以教养和性情来区分男人的高下。一副好皮相能满足你的虚荣心，让你觉得甜蜜，但最后往往是甜到忧伤。赋有教养和真性情，意味着不会轻易放纵自己，也会以文明的方式对待异性，这样的男人用起来安全系数高，不会经常漏电电着你。

说到底，男人不能简单地以好坏来划分，也不能笼统地分出类别，只有在相处的过程中去摸索他的性能。但是有一点你必须承认，不论什么样的男人，对于美好事物的追求，都有着终其一生的执着和专一。你看，不管是十八岁还是八十岁，男人都喜欢年轻貌美的姑娘，服不服?

02.

直男的怪品味

说到直男的怪品味，相信每个有恋爱经历的女性都可以如数家珍地列举出一堆。无论南北地域存在怎样的差异，无论他们受教育的程度如何，脱下袜子自己先闻一闻再扔到女朋友面前，绝对可以排进直男怪品味的前三名。

我认识一个上海姑娘，长得又瘦又高，家里条件一般，属于在KTV唱歌唱得晚了或者在夜店玩得晚了因为没车回去而必须待个通宵等到天亮那种。她很坦然地说她交男朋友一定要交有钱的，年纪什么的都无所谓。朋友介绍了个ABC给她，离异，个子矮，其他都很好。他们很快就在一起了，男人很体贴，也舍得给她花钱。有一次一起K歌她喝多了哭着对我说要和男人分手。我问：“为什么呢？他不是很符合你的择偶标准吗？”一开始她不好意思说，散局后她发信息告诉我说每次男人和她XXOO都逼她闻自己腋下，而他有严重的狐臭。看完那条短信，我好几天吃饭都不香。

豆瓣上有个著名的帖子，也是女人们吐槽男人的怪品味。有个女生说男人喜欢一边XXOO一边大喊：“打倒日本帝国主义，钓鱼岛是中国的！”另一个则说男朋友是开淘宝店的，所以在床上的口头禅是：“不包邮，不包邮，就是不包邮！”

当然，以上说的只是特例，并非所有直男都是如此。我不知道养成这些怪品味是出于何种心理和生理原因，只是很多女生因此崩溃到不行。直男的怪品味多数体现在不会挑选礼物和毫无审美情趣。有个女生告诉我男朋友送的生日礼物是一把马桶刷，原因是生气吵架时女生总是赌气去刷马桶，所以男生给她选了一把比较好用的，气得她又刷了一晚上马桶。

另外我想说的是，有些看似好的习惯其实也很危险。我有个朋友，每次出门都会愉快地给女生拎包，并不仅限于女朋友。久而久之，他成了朋友圈里绅士的典范。因为正在写这本书，我便跑去和他聊，他说：“你知道我此生最大的遗憾是什么吗？就是不能单独背着女款包包出现在大庭广众之下，所以只好帮女人背……”妈呀，我好像突然明白了什么不得了的事。

没错，直男就是能在当季流行女装里选中最丑那一款的人，就是在上街之前为你的衣着搭配给出最差建议的人，就是挑选礼物时雷爆你小心脏的人。是不是每天要原谅一千次才能愉快地玩耍？面对他们的怪品味，你不能鄙视、不能发脾气，只能假装娇嗔说“你好讨厌啊”，其实内心已经在磨刀了对不对？

但是，他们也是可以保护你的人、逗你开心的人、为你们共同的美好生活努力打拼的人、带给你性高潮的人……除了与他们和解，还能怎么样呢？

03.

男人梦，英雄梦

小时候，每当父母发生争执，男孩总会奋不顾身地站在妈妈前面，手里抓着坦克玩具，叫嚣着要保护妈妈。我想，这大概就是男人最原始的英雄主义吧。你也一定遇见过这么一个小男孩，嘴里喊着“冲啊”，骑着小三轮车，想要拯救全世界。

长大后，男孩发现，自己并不是每次都能考到全班第一，内裤外穿也不会飞，也不再是三五个小伙伴中的老大，连喜欢的女孩都不会看自己一眼。不过没关系，这些都不会磨灭掉男人心里要做英雄的梦想。他们会在网络游戏中找成就感，喝酒买醉摔几个啤酒瓶子就当是炸了地球，边看片儿边意淫暗恋的女孩就当是得到了。

我们从未忘记自己是超人，只是我们换了阵地。

没错，男孩追到了自己喜欢的女生，就会想方设法在女生面前展示自己，健硕的肌肉也好，三五句诗词也罢，都要拿出来秀一把。就像女生打扮是为了让男生觉得自己美，男生只想被夸很屌，无论是谁。或许你会说，男人的英雄主义无非就是虚荣。对，和女人虚荣的不同之处在于，他们希望自己是个大英雄，在公司里能力一流，可以满足女人的各种心愿；在孩子面前高大伟岸；就连在床上他也要做超人，哪怕是秒射高手，也要追着你问爽不爽。

基于这种与生俱来的英雄梦，男人慢慢学会在女人面前将一件事夸大，一米六九的身高，一定要说到一米七二才觉得不那么惨；四千五买的戒指送给你一定会说五千，他认为多说五百听起来更牛×；无非是和大学同学吵架，一定要说成自己单挑好几个才觉得是条汉子。你听他讲当年的英雄事迹，多数是“想当初如何如何，只不过现在老了”，一番“当年撒尿飙过界，如今撒尿滴湿鞋”的感慨。另外，在你面前说只谈过两个女友，而好兄弟如果说自己泡过三十个妹子，他一定要说自己泡过三十五个压倒对方，不管有没有。男人的英雄主义就是这么奇怪，和你朝思暮想的拥有半个首尔、能空间移动的都敏俊差好远对吧？别忘了，那个男人来自星星，本土的英雄，就这样，惨了点儿。

而有时候，男人的英雄梦真是简单到好笑，他们只想努力一点儿，买八十平米的房子已经很紧张了，还是咬咬牙买个一百平米的给你做婚房；陪你去海外度个蜜月，满足你“面朝大海，春暖花开”的梦想；在你婆婆那儿说你又勤快又贤惠，回来默默地洗袜子想着你大姨妈来不能碰凉水；在大雨滂沱的时候出现在你身边，为你撑伞……其实他们只想让你觉得，其他的男人，都配不上你。

当然，他的双手不能够挡住即将滑下悬崖的汽车，也不能像哆啦A梦一样从口袋里变出魔法满足你的愿望。或许他还在职场上挣扎，没有车，也没有房，可是只要身边有一个可以抚慰他的人，他就每天都会像充足了电一样，斗志满满。

男人有时候蠢笨，也会像孩子似的经常犯错，可他们愿意穿越崇山峻岭，消灭妖魔鬼怪，只是为了成为女人心目中的大英雄。

04.

我比金秀贤，只差一点点

请跟着我大声念：“世界上没有一个男人会承认自己很丑！”

经常会有女性网友来问我：“为什么很多男人明明长得丑，却总是自信满满？”每次面对这样的问题，我都下意识地照一照镜子。说实话，男人天生只对女性的容貌敏感，他们的眼睛在观察女性时，简直是一架高倍率显微镜，一丝一毫的瑕疵都不会放过。而对男性的容貌，他们只有一种感觉——都差不多。就拿红极一时的都教授来说，很多男人都会觉得：“我只是比他矮那么一点点，胖那么一点点，呵呵，其实差不多嘛。”

中国有一句俗话，叫作“男无丑相”。大抵意思是说，男人的外表并不重要，内在的素养和能力才是衡量高下的标准。道理是这个道理，可我还是怀疑，这一定是当初哪个相貌丑陋的男人想出来的自我安慰的话。由此可见，从古至今，男人都是善于自欺欺人的，他们始终不会承认，自己其实，真的很丑。

微博上曾经有人发起过一个活动：对参加高考的同学说一句话。有位高人说的是：“同学们，这是你们最后一次拼自己的实力，以后都要看脸了。”评论里哭声一片。这个观点或许有点儿偏激，但相貌的重要性自不必多说，长得好看自然处处占便宜，虽然很多人不愿意承认这一点。你瞧，如果把韩剧里都教授那张脸换成王宝强，你们还会熬成熊猫眼去追这部剧吗？

好了，外貌协会其实真的不太好，诚实善良、相貌平平的男子抱得美人归的实例太多太多。我也知道，大多数女同胞要的是你可以丑，但是你要很温柔。很抱歉，我必须把真相告诉你，一般不温柔的男子都是很丑的，并且这个丑字后面往往紧跟着另一个字——穷！我曾经有这样一位朋友，收入少得可怜，相貌也“谦虚”得可怜，他把每一次相亲失败都归咎于女人嫌自己没钱，久而久之，他得出一个结论，天下的女人都是势利眼。我说："你有没有觉得别人是嫌你长得不好，没法带出去见朋友呢？"他非常坚定地回答："不可能！林志颖也没比我好看到哪儿去啊！"你看，男人的虚荣心就是这样奇特，因为穷可能是暂时的，而丑，却是一辈子的。

当然，成熟机敏的女性自然不会太在意男人的相貌，更不可能去诋毁或者嘲笑，她们知道这是雷区。男人可以接受你选择一个比自己有钱有能力的人，而如果你选择另一个男人只是因为他高大帅气，你就将永远被钉在肤浅、浮夸的耻辱柱上。这是为什么呢？因为在直男的世界观里，男人的外表根本不具备竞争价值。

看到这里，有些女同胞会说："原来男人如此脆弱不堪。"**在相貌这件事上，男人一样会玻璃心，一碰就碎，只是表现得不那么直接。**就像大多数女性都会幻想和高大帅气的男神相伴终老，最后的归宿却是一个丑胖矬。只能说，人最难面对的就是自己，最认识不清的也是自己。承认自己的不足和缺陷，需要非凡的勇气，真的很难做到。比如说我吧，刚才对着镜子照了半天，觉得我比金秀贤，真的就只差一点点。

05.

貌美胸大，不如刀塔

好久没有蘑菇小姐的音信，大概是恋爱了。专情的女孩在谈恋爱时总是会无视很多信息，开始不和一些人联络，这也是好事。令我难忘的是她和前任分手的故事，原因简单俗套，男朋友迷恋一款网络游戏，叫作刀塔。其实男生爱玩网游原本不足为奇，然而蘑菇小姐的前男友却痴迷到了人神共愤的地步，上厕所的时间都腾不出来，身边放一个矿泉水瓶，接尿。

蘑菇小姐对我说分手的原因是看不起他用的是娃哈哈，而自己期待的男人起码要用脉动。当时我乐得一口水全喷在电脑屏幕上，心里却明白，她真正的忧伤，是自己的魅力竟然不如刀塔。

我知道，最令女生难以接受的，就是爱人心中有了其他比自己更重要的东西。如果是移情别恋，那么另当别论，但情敌偏偏是一款网络游戏，你无法和它理论、竞争，但它又鬼魅般地存在着。最要命的是，它可以让男人陶醉、痴迷、欲仙欲死。一旦上瘾，就算你穿着比基尼在他面前晃悠，他也视你如空气；你和他说话，要等半个小时才有回应；XXOO的时候，他还挂念着自己的部落。这他妈怎能不让人抓狂？

恕我直言，男人和女人相处，在某种程度上和游戏是一样的。感官刺激、新奇、技术含量缺一不可，并且要有一定的难度系数。以上条件的级别越高，男人迷恋你的时间越长。试想一下，如果你只是一款连连看的话，几天也就腻了。

提升魅力让男人保持对自己的新鲜感，这点很难，也会被众多女权主义者诋毁，老娘凭什么那么在乎你？和你的游戏过一辈子去吧！如果你真的视男人如粪土，自然不会来听我叨叨。如果我是知心情感专家，我一定会告诉你："何必斤斤计较，拿自己和一款游戏相比，难道不是自贬身价吗？"NO（不）！当然要比，而且要比赢它！

我举双手双脚支持在爱情中有任何不爽都要说出来，刀塔霸占了你的男人，难道不应该奋力争夺一番吗？告诉男人，你很不爽，你很介意，约法三章，每天玩刀塔的时间绝对不能比跟你玩的时间长。另外，也可以开展一些床上以外的、两个人共同协作的活动。

当然，如果想让一个男人时刻视你如初见，我只能说你病得不轻，即使你有全智贤的颜，看多了也是要烦的。韩剧里那些天天你侬我侬的场景如果搬到现实中来，只会让人恶心。有些经历的人都知道，维系感情的不是新鲜感，而是打败一点一滴的消磨。总之，男人与生俱来的猎奇心态是无法改变的，迷恋刀塔，总比迷恋另外的女人强很多。

所以，虽然你貌美胸大，也不能幻想一个男人会天天对你说情话；虽然你貌美胸大，也不要幻想一个男人会因此戒掉刀塔。

06.
直男天生怕麻烦

表姐参加完前男友的婚礼，回来哭得稀里哗啦。我向来不赞成参加前任的婚礼，当一个男人变成了前任，即使他当上美国总统也和你毫无关系，更何况是婚礼这种事，去了简直是自取其辱。不过她非要去受刺激，拦也拦不住。

她对我说："他给新娘买的钻戒和当年送我的是同款呢，说明他还是放不下我吧？"我气得差点儿一口血喷出来。恋爱这么多年还是不懂男人。他哪里是放不下你？根本就是怕麻烦。买一个同款的，只是图省事。

除了天生受虐型体质的文艺男青年之外，差不多所有的直男处理感情问题的原则都是简捷、方便。在恋爱中男的都是粗线条，所以才会造成得到了就不珍惜的种种误会，而所有的女人一旦恋爱就都会变成幻想家。比如一夜温存之后，男人想的是赶紧起床上班，这时候女人会想："他会不会因此不再珍惜我？怎么连个好评都不给？"并且迅速脑补一百个始乱终弃的故事，顿时变得伤感起来。如果男人走过来亲亲抱抱有再战一场的意思，女人又会想："是要把老娘当成性工具吗？团购是不是？"

在感情里女人想得太多，男人想得太少，于是怨怼和矛盾就来了。你发一条信息，说："亲爱的，如果忙就不要回了。"其实内心的独白是："再忙也要回啊！"但男人看到以后就真的不回了。结果你等了一下午憋了一肚子火，男人却不知道你生气的点在哪里，他会说："不是你让我不要回的吗？"所以，女人永远都在抱怨男人不懂自己，男人永远都在抱怨女人太麻烦。

怎么办？运用上帝赐给女人的独特法宝——撒娇。男人对女人撒娇这种事是永远不会烦的，娇嗔地告诉他"人家其实想和你说话嘛，又怕你嫌烦"。对的，就像教小孩子那样。每一个聪明的女人都是一所好学校，她们不仅教会男人怎么跟自己相处，甚至教会他们如何爱自己。

另外，很多年轻的女人都喜欢考验男人，用她们的话说，是想知道对方到底爱不爱自己，说白了就是不断给男人制造一些小麻烦。我的朋友默默就是这样一个作天作地的公主病患者，在某个冬天的深夜，她对男人说：

“老公，我想吃泡面。”
“我给你煮去。”
“我不想吃咱家那个牌子的。”
“那我出去买。”
“煮完家里全是泡面味儿，难闻死了。”
“那我泡好了给你拿回来。”
“凉了不好吃。”
“那咱们出去吃。”
“外面太冷，我又懒得穿那么多下楼。”
“你到底想怎么着？”
“想吃泡面……”

为什么女人都在感叹好男人去哪儿了？都被作天作地的女人逼死了呀。好了，开个玩笑。在我看来，好的爱情不是波涛汹涌，而是细水长流。**所谓真爱不用考验，真儿不用化验，即使你很想知道对方是不是爱你，也不能总去试探底线。其实撒娇和作只有一步之遥，用得恰到好处是幸福，用过了是孤独。**

总的来说，直男怕麻烦超过怕死，更不用说去体会你的内心戏，如果在这一点上对男人期望过高，你只会把自己憋到内伤。我知道很多女生在爱一个人时会花很多心思，比如每次见面都会精心打扮自己，每次拨出电话都需要鼓足勇气，甚至连一条寥寥几个字的信息，都是写好了又默默删掉反复很多次才完成的。付出了十分的爱，却只收获了两三分，免不了要失落和惆怅。我说出很多男人的真相并不是要你看透男人，而是希望你与男人和解。

一段能够长久的感情要具备很多条件，必不可少的物质、彼此的真诚，最关键的是都习惯了同一种生活方式。要留住男人的心就要让他把你当成一种习惯，离开你换一个人从头开始，也很麻烦。

07.

他不是你的王子

写这篇文章之前，我一直拿不定主意应该站在什么角度，因为我尚未走遍世界，很多稀奇古怪的事情都还不知晓，对于敏感群体，更不敢妄下结论。但我始终知道一点，有些寄居在夹缝中的人需要关注和爱，男同性恋者位列其中。而至于为何这一群体会出现在这本书中，首先是因为他们也是男人，其次是因为，你爱上一个男人，他可能属于这个群体，而你面对的竞争对手，也有可能属于这个群体。

曾经有位姑娘发私信给我，提及自己的经历。男友又高又帅，女孩各方面条件一般，两人在一起很多年，男孩始终没有带她参加任何社交活动，她甚至不曾接触他的朋友，更奇怪的是，男孩从没有对她的身体产生过兴趣。当我经过她的允许把这条私信发出来时，评论里一片鬼哭狼嚎，是的，所有人都猜到她男友是同性恋，除了她。这个男人和她交朋友，大概是为了跟家人有个交代。亲爱的读者，不要被童话和韩剧冲昏头脑，盼望着有个样貌出众的男孩驾着马车，为灰姑娘穿上美丽的水晶鞋。他或许的确是个王子，可惜他爱的不是女人。

或许是迫于家庭的压力，特别是在中国的传统观念里，娶妻生子是男人的责任，是必须去做的，是家人不被三姑六婆甚至居委会大妈取笑的众多原因之一。再者，并不是这个群体里所有的人都愿意公开承认，因为闲话是最大的苦恼。

我想，资讯如此发达，你应该多少有一点儿能力去甄别表露明显的娘炮，但是对表露不那么明显的，恐怕还并不能分辨清楚吧。直男没有工夫陪你看韩剧，只会踢完足球回来丢给你臭袜子，也没耐心鉴别你哪款衣服好看，商场是最让他们头疼的地方。而多数男同很在意自己的仪容，他们会在出门前和你一样挑选合适的衣服。他们紧跟时尚，愿意花很大精力把生活打造得精致细腻。他们还会在你们开话题会议的时候凑过来听八卦，看感人的电影并用细腻的文字记录爱情和生活。他们甚至做得一手好菜，并且锻炼直男们懒得努力争取的腹肌和翘臀。不要觉得他们奇怪，他们和你们女人一样，有虚荣心，需要性感，需要通过外貌吸引别人的眼球。如果不是因为世俗的眼光，他们中的许多人一定会把热裤穿得比你都性感。

不得不说，他们中某些出色的人令直男都自叹不如，当然也有不少人集男人和女人的缺点于一身，争强好胜、爱耍脾气、虚荣物质、贪图享乐、斤斤计较、嘴碎八卦。我想，他们中那些有上进心、羞耻心并且诚实善良的人，一定会被这个世界接受。喜欢男人并没有错，可如果打着喜欢女人的幌子行骗婚之实，恐怕就真的不配爱任何人。

言归正传，对于还没有找到男朋友的女孩子，我只想告诉你们，对手很强大，也很脆弱，请擦亮眼睛对骗婚的男同说不，也请对那些优质善良的男同给予应有的尊重和包容。**当然，你更应该面对的现实是，这个世界上有一部分优质的男人，是属于男人的。**

08.

好兄弟，一辈子

很多妹子都有这样的苦恼：男人这种进化不完善的动物是怎么主宰世界的啊？其他的先不说，老娘给他洗衣服做饭陪他上床，以后还要给他生孩子，可他对那些所谓的兄弟比对我还好，有时候甚至会牺牲自己的利益去成全别人。要是这样那都去找男人好了，还找女人干吗？

在这里我要遗憾地告诉你，没有几个男人会像女人一样用生命去谈恋爱。也就是说，很少有男人会把爱情放在首位。很多女人在恋爱中会产生种种不满，主要原因是对男人期望过高。女人一旦陷入爱情，就会主动放弃很多社交，男人却很难做到。这样的不对等让女人在很多时候觉得受到了冷落：我可以放弃和闺密逛街陪你上床，为什么你就不能少和狐朋狗友喝几次酒，好好陪我呢?

作为在社会上打拼的男人，自然会有必不可少的交际和应酬，俗话说一个好汉三个帮，朋友当然很重要。其实男人的爱好除了床上那事要和女人配合，其他更多的是和朋友一起完成的。就拿世界杯来说，如果女人毫无兴趣，很多男人更愿意找几个朋友一起看。喝酒玩车讨论国家大事这些都是只属于男人的话题，再说谁都会有几个撒尿和泥一起长大的好兄弟，那种感情是女人无法体会的。

余秋雨老师说过的最正确的一句话就是，男人过了三十岁，都是在为朋友活着。这可能会让很多女人失望，为什么不是为女人活着？可真相就是如此。男人在事业有了一定基础后，各种人情往来自然会增多。在女人看来男人有很多无用的交际，可男人并不这么认为，因为不知道什么时候，那个人就用得上。如果是多年的好兄弟那就更不用说了，一旦有事，简直要两肋插刀。于是就有了那句话：兄弟如手足，女人如衣服。谁伤我的手足，我就让他没衣服可穿。

真正的知己好友是很难得的，有时候穷尽一生也遇不到几个。男人与男人之间的感情也有很多佳话流传，所谓士为知己者死，荆轲刺秦王、专诸刺王僚、桃园三结义说的都是男人之间的义气。好兄弟是一辈子的，当然，也可能是一被子。

女人大可不必因为男人对兄弟过于殷勤而吃醋，更不能经常诋毁他的好兄弟。看不起他的朋友，就等于在某种程度上否定了他的人生，男人在这方面是很容易玻璃心的。其实男女都一样，如果男人经常当面诋毁你的闺密，肯定也会引起你的反感。

成熟理智的男人自然会平衡好女人和兄弟之间的关系，过于偏向兄弟，会招来女人的不满；过于偏向女人，则会落个重色轻友的名声。当然，如果男人愿意带你进入自己的社交圈，而你也很乐意和他的兄弟们打成一片，那就是两全其美的好事了。

09.

出轨这事儿

终于要聊这个尴尬而又时髦的话题了。

首先澄清一个由来已久的误会。网络上随处可见各种女人控诉男人出轨的故事，文笔犀利，剧情狗血，峰回路转，如泣如诉，堪称字字血、声声泪。强烈的代入感让很多女人感同身受，所以评论里更是哭声一片、骂声一片。这造成了一种错觉：出轨，是男人的专利。

你！们！真！的！够！了！我不是想为男人狡辩，只要不是用脚丫子想问题的人就应该知道，出轨是单方面无法完成的。怎么，你还没听懂吗？也就是说，有多少出轨的男人，就有多少出轨的女人。即使排除一批单身女性甘愿充当小三，再排除一批女性在不知情的状况下被小三，有伴侣的女人主动出轨，也占有很大比例。

有句话说男人来自火星，女人来自金星，言下之意就是男人和女人对事物的看法和思维方式有着本质的不同。对待另一半出轨这件事，女人是要通过倾诉来发泄的，以前是找居委会大妈，或者找男人单位的领导，有的干脆在电线杆子上贴小广告。现在有了网络，不用找电线杆子那么费劲，可以匿名发帖，以电脑为俎、键盘为刀，把负心汉杀个一遍又一遍。中国男人出轨的狗血故事，如果打印出来，简直比《四库全书》还多一库。为什么很少见到女人出轨的故事呢？因为男人遇到这种事，多数是不会讲出来的，戴着绿帽子走街串巷，让天下人知道别的男人睡了自己的女人，简直比死还难过。

虽然对出轨深恶痛绝，有相当一部分女人在一哭二闹三上吊之后，还是放不下这个冤家，依然会拿着旧船票上那条破船。而男人虽然不会到处倾诉，但面对女人出轨，多数都会宣判死刑，一段感情就此结束。这是男女思维的另一个不同之处，也印证了那句老话：说狠话，爽一下；做狠事，爽一世。

为什么男人觉得自己出轨没什么大不了，却不能原谅女人出轨？说白了，男人出轨是射出，而女人出轨是纳入，一想到这里，男人就会有一种本能的厌恶感。从感情上来说，男人是可以把性和爱分开的，对一个女人有感情，并不妨碍他和另一个女人上床，或许他真的只是想换换口味，对那个女人毫无感情可言。而女人则是需要一定的感情作为前戏才能发展到上床的，所以女人一旦出轨，就意味着爱上了另一个人，这对于男人来说是更加无法面对的。

于是有人会说，男人是多么自私和任性啊。单就出轨这一点来讲，是这样的。这种来自亲身体验的感悟，导致男人一旦知道女人出轨，基本没有回旋的余地。当然随着女人越来越强势，有个别男人也会选择忍气吞声，只是他们内心还是经常会黯然神伤，觉得自己当了王八。憋久了自然会有些心理扭曲，有的干脆直接ED[1]。

有趣的是，很多女人喜欢把男人出轨的责任推给另外那个女人，比如男人出轨完全是因为骚狐狸勾引，比如她就是为了得到男人的钱……所以正房找小三掐架的戏码到处上演。如果对方的姿色不佳，罩杯也不如自己，那简直就找到了最佳攻击点：好歹你也找个差不多的，找个大丑逼停机坪来恶心人是吗？在攻击另一个女人时其实内心已经原谅这个男人了，只是心有不甘，要过过嘴瘾。很多女人都不了解，男人出轨不是选美，有时候真的只是想换换口味，就像总在一家饭馆吃饭，即使味道再美，也难免会惦记另一种味道。在这种时候只要是个女人，活的，就可以了。如果真找了个比你貌美胸大的问题就严重了，他可能不仅仅是出轨，是要换人。

其实无须去分析男人出轨到底是出于什么样的心理，在精虫上脑的状态下男人只是需要发泄，等发泄完后才可以进行理性的思考。也不用去反思你们的感情到底出了什么问题，你需要面对的问题只有一个：你还要不要和这个男人继续？

爱情任重道远，不是每个男人都能做到在中途不开小差看看风景，所以男人出轨这种事，就像天要下雨娘要嫁人，不是一定能预防或者控制的，不让你遇上，需要一点儿运气。

---

[1] Erectile Dysfunction，即勃起功能障碍。

10.
有些真相宁愿看不到

电影《西西里岛的美丽传说》中有个桥段，儿子偷窥少妇后回家手淫被老妈发现，挨了顿胖揍，于是父亲决定带他去寻找妓院。电影以战争为背景，在那种生死在须臾之间的状态下，父亲的举动让人有一种难言的哀伤。

当然，这篇文章的主题不是父爱。就目前的形势来看，买春不仅有损私德，并且违法。它可以将一个男人牢牢地钉在耻辱柱上，也可以使一段感情终结甚至使一个家庭破裂。所以在男女之间，买春是个禁忌的话题。

男人的大脑受下半身支配，至少在买春这一点上是成立的。买春大体分为两种，一种出于个人爱好，另一种出于爱面子，在同伴的怂恿下半推半就。我们有句极具魔力的话是“来都来了”，既然都来了，不办事以后怎么做兄弟？

不论有哪些客观理由，男人都无法否认自己是可以把性和爱分开的动物。买春的男人把买春当成发泄，和在路边吃快餐出于同一种心态，因为在那种场合下可以随心所欲、毫无顾忌。

正在我写这篇文章的时候，传来了明星黄海波嫖娼被捕的新闻。出人意料的是网上响起一片力挺之声。一个未婚的男明星，不祸害良家妇女，不玩弄女演员，花自己的钱解决基本的生理需求，怎么了？更何况据知情人士透露，黄老师出手大方，工作时间又短，简直是业界良心了好吗？看到女网友们有这样高的“觉悟”，我不知该哭还是该笑。可毕竟这是在网上，大家怀着的是一种娱乐的心态。如果真是自家男人造了这个孽，谁遇上都得掀桌。

买春，作为一种地下交易，除了极少数的人会回头光顾，一般都是事后永不相见。曾经有位我很尊重的长者在昏黄的灯光下语重心长地对我说：“小伙子，有些事，到死那天也不能让老婆知道。”我揣测，这里面一定包括买春。

有个哥们儿去上海出差，接待方带他去散心。女朋友突然打来电话查岗，服务的小姐看他有些慌张，迅速从身边的篮子里拿出一个小录音机，打开是马路上车来车往的声音。他立刻就反应过来了，接起电话：“喂，亲爱的，在车里呢，刚谈完事，一会儿到了酒店再打给你哦……”

所以女同胞们既要相信一个男人是爱你的，也不要天真地以为他一定不会因此去买春，费尽心思追查，真相往往是你最不愿意看到的。事实上，我们无法预料男人会不会去买春，但我知道，翻身的屌丝更容易去买春。一个女人，无论如何都无法补偿他年轻时因为矮穷矬被拒绝带来的心理创伤，在有点儿钱的时候，他终于可以捞本了。你不必惊讶他为什么会找一个又丑又胖的失足妇女，他那是在报仇呢。

我曾经看过一个国外的报道，一对两地分居的夫妇，妻子给丈夫寄去一盒避孕套，并且在信中说：“如果实在憋不住，可以去那种地方解决，但是请一定戴套。”当然，这是在国外，我国妇女多数还没有开放到这种程度，但是仔细想来，买春的男人比玩弄女人感情的渣男危害性还是要小一点儿。

11.

先救你还是先救妈

情人节那天，有个哥们儿半夜跑到我家来说要借宿一晚。在这样一个浪漫佳节，跑到一个男人家里是什么意思？笔者认真审问了他五分钟，结果证明是我想太多，他对笔者没有特别的想法，只是借宿，因为和女人闹翻了。

相较于烂俗的情人节吵架剧情，这位仁兄的遭遇有些特别。他还算是个浪漫的人，尽管结婚一年多了，还是一大早就去花店给老婆订百合。当天恰好是自己妈妈的农历生日，于是他也给妈妈订了一束。

花店的员工去送花，小区有门禁没办法进去，打电话让朋友太太下楼取。女人看到送花的车筐里两束百合紧靠在一起，上面都写着“王先生”，不同的是名字后面备注着“A”和“B”。老婆顿时觉得里面有蹊跷，花店员工拿出其中的A递给她。

她问：“请问这两束花是一个人订的吗？”

花店员工：“对，同一个人。”

女人：“那能告诉我这另一束是送给谁的吗？”

花店员工真是业界良心，摇头说：“抱歉，这是客人的私人信息，我们不方便透露。”说完骑上车就走了。

女人打电话去问，男人正好在开会，不方便接。女人越想越不对劲儿。晚饭也没做，花扯得稀烂，就等男人回家大闹一场。

吵架内容是：“那个狐狸精是谁？那个王先生B是谁？那个B是谁的B？”朋友被问得一头雾水，哪有什么狐狸精和B？猛然想到今天给自己妈也订了一束花当生日礼物，马上解释，可老婆并没完：“凭什么你妈要过两次生日？并且她那一束插了一枝香水百合，我这个全是粉的，你妈果然比我重要。”又哭又闹，说什么也哄不好，闹到最后男人干脆掀桌走人。一个本来应该美好的情人节，就这样泡汤了。

“是我重要还是你妈重要？”个人觉得还是不要探究这种人生终极话题为好。又回到那个烂俗的问题：“我和你妈同时掉进河里，你先救谁？”“当然是先救不会游泳那个。”“那要是都不会游泳呢？”如果再这么问下去，我保证你会被男人和婆婆一起推进河里。

女人总是想在爱人那里证实自己的重要性，可这种事是不需要证实的。一个给了自己生命，陪伴自己度过青少年时代；另一个是人生伴侣，要陪伴自己度过后半生。面对同等重要的两个女人，真的说不清谁更重要一些。

俗话说，婆媳是天生的敌人。如果有人告诉你她和婆婆好得像亲生母女一样，那一定是装出来的。一个女人用几年时间教会一个男人穿裤子，你用几分钟就把它脱掉了，你觉得她会对你视同己出吗？对立是必然的，但千万不要在男人面前表现出来，如果你硬要把他生命中另一个最重要的女人当成死敌，要在婆媳大战之中角逐一番，那么我只好默默地为你点支蜡烛。这样做无非是孤立自己，你的男人很快会和婆婆结成攻守同盟，你同时拥有两个对手，你觉得哪一方更有胜算？

不是我危言耸听，因为婆媳关系导致家庭破裂的例子并不罕见。我只能说好男人是婆媳关系的润滑剂，并不是两头传话的长舌男。而**机智的女人肯定不会和婆婆针锋相对，只会对男人软硬兼施，更不会愚蠢到要和婆婆比谁重要，即使证明了你最重要又能怎样呢？要知道，不论在哪种环境里，老大总是最容易被干掉。**

12.

雄性侦察机

有位电视台的朋友，之前一直负责幕后工作，有次一档直播节目的主持人突然生病缺席，她现场救火临时顶替了一期。没想到的是那一期节目收视率大增，台里的领导也大加赞许，让她作为正式的主持人出镜。那档节目渐渐成了热门，她自己也红了起来。金子总是会发光的，然而成功之后，麻烦也尾随而至。

有次她约我去一家偏僻的餐馆吃饭，饭桌上她说出了自己的苦恼。原来在幕后工作，和男朋友相处得很融洽。自从红了以后，各种应酬总是不能避免，男友开始变得多疑、暴躁。每天都要查岗，回家还要检查每一条微信、每一通电话，总觉得女人随时会离开自己。让人崩溃的是，后来发展到跟踪，无论怎么解释都不能打消他的疑虑，也是让人心塞。她很看重这段感情，也确实没有做过任何对不起男友的事，可男友的状态实在让人无法接受。

很多女人在男人有了一定的地位和财富之后都会产生危机感。俗话说，升官、发财、换老婆是成功男人的三部曲。所以女人为了捍卫自己的地位，不惜变成一架敏感的侦察机。其实这种危机感，男人也是一样存在的，男人会说“我宁肯卖血也不愿意让女人出去受苦”，事实上有些人也真正做到了。可一旦女人在事业上比自己成功，他们的失落和自卑感就来了。女人比自己能挣钱、更有地位，意味着自己在家庭中的主宰地位即将不保，意味着她可能会看不起自己。总之存在着种种变数，所以男人也要变成侦察机了。与其说是在捍卫一段感情，不如说是在努力寻找女人对不起自己的证据。

事实上这位朋友的感情状况已经陷入一种可怕的循环，她越来越红，男友会越来越自卑，如果不中个千万大奖什么的，看来是无法弥补这种心理落差了。我似乎已经看到他们的结局，只是不能当面说出来。当男人陷入失落、猜忌的情绪无法自拔，他们会比女人更加可怕，会轻易发怒，看一切都不顺眼，一个不经意的玩笑都会戳伤他的玻璃心，其实分开对彼此都是一种解脱。

好的感情是，无论双方从事什么职业、有着什么样的社会地位，彼此都是平等的。可真正做到这样非常不容易。当女人处处都压过自己一头，男人得心大成什么样儿才能看淡啊？如果垂垂老矣也就忍了，偏偏是血气方刚的年纪，一方面不能认尿，另一方面又怕失去，说到底还是那点儿可怜的自尊心在作祟。都知道爱情不需要考验，可偏偏还是忍不住要做侦察机，对方真做了对不起自己的事，还是因为猜疑让对方彻底寒心，两种结果都是糟糕的。

男人丧失自信的可怕程度不亚于阳痿。无论你怎样放低自己去迁就忍让，女人比自己强的事实都会像铁一般摆在男人眼前。所以**对于成功女性而言，与其回家天天面对一架雄性侦察机，不如找个温柔体贴的小男人过得舒坦。**

THE TRUTH
ABOUT MEN

如果你不小心遭遇了一个渣男，我会哀你不幸，劝你尽早离开并且总结教训。

如果遭遇两个以上，我会怒你不争，想要摇着肩膀把你骂醒。

如果你总是和同一个渣男纠缠不休，那我只好祝你们天长地久了。

男人真相

Chapter_2

中华男儿多奇葩，不信我来扒一扒

01.

暧昧有毒

暧昧反过来念就是没爱，请朗诵一百遍。

如果用最简单粗暴的办法来划分，男人大致可以分为三种：食肉型、食草型和情圣型。情圣型就是所谓的男神了，比如吴彦祖。

现实生活中的食肉男如饿狼般存在，他们的嗅觉异常灵敏，快速检索着城市里的每一对胸脯和每一双大腿，时刻像打了鸡血，以最低的成本，最大程度地获取猎物，坦率直接到你想打他。他们不谈未来只求当下，有时候连饭钱都省了，直奔主题。

食草男则像来自另一个星球的物种。他们多数帅气，衣着得体，谈吐幽默，优雅地穿行在大街小巷之间。他们是这个世界上真正的过客，热衷于社交，却不会在任何一个女人那里做过多停留。当你想抓住他们时，他们总会巧妙地闪躲，好像学过类似乾坤大挪移的武功。

我的朋友小羽就是这种风一样的男子。他的手机里存有几百号年轻女子的电话，每天都和这些准爱人甜蜜温存，礼貌地道早安晚安，宝贝来宝贝去，然而对方一旦要动真格的，他就会迅速地将关系冷却，然后又重新燃起暧昧之火。就这样发乎于情，止乎于礼，百花丛中过，片叶不沾身。

我一度怀疑他是天生的性无能，至少也是ED患者。他的说法是在茫茫人海中，彼此温暖一下就够了，再进一步就会伤到对方，也会伤到自己。我擦，文艺青年的世界好难懂，谈一场普通的恋爱会死吗?

我的另一个朋友小艾，不幸成了这许多准爱人中的一朵，但她坚定地认为自己是小羽的女朋友，至少是女一号。我说：“既然是女朋友，那你们肯定亲热过吧？”她说：“我们一定会上床，但又不知道什么时候上床，这才是最好的时光。”大姐，再过些年你都更年期了，好时光还有多少？

关于暧昧，每个人都有不同的体验。

文艺青年说：“与其说喜欢眼前的他，还不如说喜欢的是想象中的他。也许喜欢怀念你，多于看见你；也许喜欢想象你，多于得到你。”

普通青年说：“最惨的是暧昧着暧昧着，你心里已经默默认定了这个人，每天很开心，最后发现，对方消失，自己备了一手好胎，没地儿说理去。”

二逼青年说：“在别人看来你端着一盆牛粪，你自己却闻得陶醉。”

在我看来，暧昧是最不可靠的关系，沉浸在暧昧之中的人最容易陷入这样的纠结：你不敢确定他想不想要你，但你觉得他是想要你的；你不敢和其他人交往，怕他因此就不想要你了；你怀疑他也没那么想要你，试着放弃，又发现他其实还是想要你的。你就这样在要与不要之间纠结，欲罢不能，慢慢老去。

这算是爱情吗？当然不是，因为你根本找不到相爱的证据。很多女生都中了暧昧的毒，结果是伤到深处无人倾诉，就像小艾无论怎样执拗地认为小羽是爱着她的，最后得到的一句话无非是："不要等我。"

懂得爱，更要懂得尊重。这种尊重，是果断而不是暧昧。明明不能给，却让对方抱有幻想，其实是一种玩弄，透着卑鄙下作的味道。

02.
十二星座的男人

金牛座

金牛男的执着建立在经济实惠的基础上，所以他们会在讨价还价到后半夜后，自己回家解决。

摩羯座

摩羯男做出任何逆天的举动都不奇怪，和他们交往你必须随时准备好人生观崩溃。

水瓶座

水瓶男每次说出“我爱你”三个字时，心中的独白都是：“你个笨蛋，居然会相信这种玩意儿。”如果你有个水瓶座的前男友，那简直就是冤魂缠身，他会在你快忘记他时出现，在你觉得他对你余情未了时果断消失。顺利摆脱了水瓶前男友，“妈妈再也不用担心你的学习”。

双子座

双子男是喜欢玩双手互搏的纠结型体质，一面想死，一面给自己烧纸。和他们谈恋爱简直是人生一大挑战，因为你会感觉是在和两个男人谈恋爱。

天秤座

每个天秤男都觉得自己是一头优雅的绅士，穿成西餐厅服务员那样在市场上还一毛钱菜价的基本都是他们。如果在床上表现得一塌糊涂，他们会把责任推给房间的颜色不搭或者背景音乐太差。

射手座

射手男是每个团队里的拖后腿大王，他们永远不会得抑郁症，却时刻让旁人起杀心。射手男是跟人私奔都会忘记带路费那一类，他们虽然擅长移情别恋，却总会不小心翻出前女友的内衣被现任抓包。

白羊座

白羊男永远不懂什么叫量力而行，他们毫无节操地认为自己是一夜七次郎。做他们的女人你要时刻注意，因为跟送快递的小伙多说几句他都会奓毛。

天蝎座

每个天蝎男都是一架优秀的战斗机，不过别高兴得太早，他们会规定好你今晚扮演小护士还是小秘书，你每分每秒都逃不脱他们的掌控。不要指望他们能守住秘密，分手后，你的一切都会成为他们的谈资。

巨蟹座

所有的巨蟹男都是婚姻困难户，他们最适合父母包办婚姻。巨蟹男宁肯单身一辈子，也不敢向心爱的人表白。

狮子座

说狮子座像婶儿一样存在着是不错的，他们虽然不断为周围的人提供笑柄，却依然坚信自己的实力可以改变世界。所以在一家公司里干的时间最长、职位没有变动的基本都是狮子男。

双鱼座

双鱼男觉得这个世界上不会有人懂他，虽然看起来脾气很好、有礼貌，但心里瞧得起的人不多。他们的内心里住着小恶魔，没有底线，所有的刺激都想尝试。另外，和双鱼男谈恋爱的女生注意了，他会比你先哭。

处女座

其他星座男人的缺点，处女座男人全都具备。

朋友，以上你看到的所有文字都是我瞎编的，我根本不懂也不相信星座。**为什么男人自己不相信却愿意找相信星座的女人呢？因为她们比较好“骗”。**

03.

来自星星的理工男

朋友，你想了解另一个世界吗？你想知道蠢萌系单线思维生物是怎样在地球上存活的吗？你想体验纯理性带来的快感吗？请找一个理工科的男朋友。先来看一些用户体验：

A女："和男友爱爱的中途他突然停了下来，我以为他今天很累，问他怎么了，他说他刚想到下午教授在PPT上的一道题好像算错了，然后我就目睹他裸体在桌前拿出纸笔奋笔疾书了起来。"

B女："跟他一起看《神探伽利略》，看到最精彩处福山叔扶着眼镜以帅到不行的姿态在凶手家墙上写了一墙的计算公式时，他居然按了暂停键，说：‘等等，让我看看公式写得对不对……’”

C女：“跟男人吃凉拌木耳，蘸酱里有辣根（芥末），他使劲儿搅了搅说‘尝尝’。我不吃辣，但不好意思说，就蘸了一点儿，结果呛得眼泪哗哗的。他夹起一个木耳，蘸了好多辣根放进嘴里，边嚼边说：‘辣根有味道的主要元素是烯丙硫氰酸，你必须保证它有足够的氧气发生反应，像这样……’他边嚼边张着嘴，‘才不会被辣到。’我怎么会喜欢他？”

D女：“我问他对冷战怎么看，他说：‘是苏美冷战吗？你问的问题很专业……’”

理工男的世界是不是很难懂？难懂就对了。他们是一群以研究的态度对待世界和感情的生物，不解风情，只有理性。这种人有时候会令你大起杀心，比如有个妹子在交往一周年时问男友今天是什么重要的日子，男友高兴地说：“今天有一件重大的事，宇宙背景微波辐射被南极的望远镜观测到了。”

相比于文科男，理工男缺少的是浪漫、幻想、四十五度角仰望星空的姿态……他们不太懂得怎样讨女人欢心，只会告诉你喜欢一个人时身体发生的物理反应。这种和女生形成巨大反差的思维方式往往会收获很多令人意想不到的美好，这就是传说中的反差萌。有位女生就曾经告诉我，她对理科生男朋友说想过六一儿童节，男生说："那送你一只喜羊羊吧。"她故作生气说："你连我喜欢什么都不知道！"第二天早上，男友小心翼翼地问她："你是不是喜欢哆啦A梦？我昨晚统计了你所有的微博、人人和朋友圈，哆啦A梦出现了六次，长颈鹿三次，皮卡丘两次，猴子两次，小熊维尼一次……"

理工男也具备很多优势，他们是活GPS，你不必担心迷路；他们是智能百科全书，能解答你的十万个为什么；他们会在看电视剧时帮你通过人物特征预测剧情，在商场促销时帮你算出如何花最少的钱买到最需要的东西。当然，比较麻烦的是，吵架的时候，理工男会像报告数据一样指出你的错误和他的理由，并且分条整理，再来个总结，让你无可辩驳，以及打麻将时，他们居然能算出牌概率！

当然，也有人吐槽理工男多数只懂得生存而不懂得生活，性格沉闷、情商不高也是他们的总体缺陷。理工男也有自己的苦恼，有个男生就来向我吐苦水，有次和一个萌妹子吃饭，聊到自己最近的实验，妹子说："你们那儿有很多兔子吧？好可爱，它们有多大啊？"他回答说："2.0kg至3.0kg。"那次约会以后，萌妹子就再也没联系过他……

04.

一言难尽凤凰男

“凤凰男”这个概念最早来自于网络论坛，特指那些出身贫寒、背负着家族无限期望从山沟里飞出来的雄性凤凰。一大批城市女性用自己的血泪教训现身说法，使得凤凰男这一族群迅速被妖魔化，这种明显带有优越感和歧视的诟病散布开来，不免伤及无辜，造成一竿子打死一船人的局面。那么，凤凰男到底怎么样？

先说缺点。无数人吐槽过凤凰男落后的大家庭观念，嫁给他，等于嫁给他全家。作为一个家族的荣耀，自然要承担更多的责任，这是很多农村家庭固有的观念。经济上的付出是基本条件，这是感恩与回报。凤凰男最怕背负翻身忘本的骂名，即使在城市中活得捉襟见肘，在老家人面前，也要表现得慷慨大方，否则你就是白眼狼。

另外，与农村无法割舍的各种联系，造成了和凤凰男相处的种种尴尬。老家的亲戚来串门，理所当然要住在家里，生活卫生习惯的巨大差异被城市女性们视如洪水猛兽。一开始都好面子憋着不说，可是三番五次下来，不勤换衣服、不爱洗澡、随地扔果皮这些在农村人看来再正常不过的事让城市女性崩溃、抓狂，找男人理论，他会告诉你："这是我大舅，比我妈还大，上大学他给我掏过学费。"这个理由天经地义，令你无法反驳，如果连这一点都不能包容，你就是个不贤惠的女人。好吧，忍忍得了，可接着要来的还有二舅、三舅、四舅……

从自身来说，很多凤凰男是自卑与自负的结合体。他们对于苦难有着深刻的体验，所以他们中的一些人会对社会产生强烈的不满，认为这个社会欠他们太多，所以他们一边仇恨拥有财富的人，另一边又对财富有着近似变态的渴望。

在感情里，极端的大男子主义也是部分凤凰男被诟病的一大特点。在他们的意识里，女人从根本上是依附男人而存在的，所以女人伺候男人、生孩子是天经地义的。你必须以他的母亲为榜样，做一个不要工资的保姆和生殖工具，如果有丝毫懈怠，不仅是他，连他们全家都不答应。

说完了缺点，再说优点。凤凰男经历了种种艰苦，更容易养成坚忍的性格和良好的责任心，这对于当下日渐松散的两性关系来说，显得尤为可贵。凤凰男中的很大一部分人秉承了诚实善良的品质，他们积极上进，在各个城市的角落打拼，希望城市里有容纳自己的一方天地，也期待着一份简单美好的爱情。比起那些养尊处优的公子少爷，他们更懂得关心体贴别人。

总的来说，凤凰男有优有劣，要规避风险，就自己擦亮双眼，找出优质的那只去嫁。

05.

青春很短暂，远离抠门男

好朋友小丽最近遭遇分手，男人分手当晚在同居的出租屋里向她求欢，被拒绝后愤然离去，带走了自己的衣物、生活用具（牙膏、牙刷等），包括半盒没用的杜蕾斯。

都说分手时可以看清一个人的真面目，这对于小丽来说未必全是坏事。后来我才知道他们在一起的时候所有的开销都是AA制。估计看到这里有很多女同胞已经坐不住了，没错，她的男朋友是个名副其实的抠门男，你看，连分手了都想免费再来一次。

我想说“抠”这种特质其实和经济状况、收入多寡毫无关系，它与生俱来，如影随形，并且能相伴一生。这不禁令我想起另一个朋友——大伟。

据我所知，大伟的身家早就超过了九位数，家中有豪车有别墅。然而他十二岁的女儿每天坐公交车下学。重点不在这里，女儿每次都是坐四站地下车，那里正好有个公用电话亭，然后女儿会在那里拨打家里的电话，响三下后挂断，这是接头暗号。于是，他知道女儿放学了，开车去那里接，那用来打电话的一块钱硬币可以用一个学期……我实在是想把这种做法理解成低调，或者是贯彻艰苦朴素的优良传统，但是十分抱歉，我做不到。

以上两个故事，是让你更好地认清抠门男，抠和精打细算有着本质的区别。抠门男对自己很大方，可不愿意在所谓的爱人身上多花一分钱，在他们的意识中，找女朋友就是找一个免费的保姆兼性伴侣。当然，如果你慷慨大方，他们是很乐意你倒贴的。

抠门男的另一个特点是，钱包很紧，裤裆很松。他们恨不得全世界所有的东西都是免费的，包括上床。他们不会放过任何一个免费滚床单的机会。所以没有稳定伴侣的抠门男，无一例外，最喜欢干的事就是假装喝多了给认识的女性打电话倾诉衷肠，希望对方能顿生怜悯之心，他们好趁机下手。如果你稀里糊涂跟他们滚了床单，千万不要幻想他们会因为和你发生关系而负责，退路人家早就想好了："妈的，昨晚喝多了，实在对不起，其实我们不合适。"

对付抠门男其实很简单，就是不给他们留任何退路和机会。他不埋单，你也不埋单；他想借上厕所尿遁，你直接说"埋单后你爱尿多久尿多久"；他打电话说喝多了要和你聊聊，你告诉他赶紧洗洗睡吧，千万不要一时心软。要知道，对一个抠门男说不，相当于消灭了一千只蟑螂，功莫大焉。

说正经的，如果一个男人肯为你花钱，不一定是因为爱你；如果不肯为你花钱，那一定是不爱你。脱离物质的爱情是一盘散沙，过于计较物质的爱情就是连沙都没有。知道了这些，如果你还是坚持要和一个连买避孕套都要AA的人谈恋爱，那我只能在心里说："呵呵，活该。"

06.

轴货招人烦，有女也有男

在《迎男而上》里我已经说过，自古男人怕轴女。其实男人轴起来比女人更可怕，女人充其量祸害一个男人，但是轴男危害的是社会甚至全人类。不过我相信世界上的轴货终将灭亡，因为他们总有一天会进化到不肯吃饭而去吃屎，我的同事王刺猬就是这样的人。

王刺猬其实不叫刺猬，因为他活得像只刺猬，由此得名。刺猬老家在农村，大学毕业后留在北京工作，年纪不大，固执，偏激，超级敏感，满肚子不合时宜。他有句名言：“我没有观点，我只是反对你的观点。”公司里其他男同事升职，他觉得是他们在背后给老板送了礼；如果是女同事升职，那就一定是和老板睡了。所以公司里很少有人愿意和他聊天。

另外，“农村人”在王刺猬那里是绝对的敏感词，连《动物世界》都是在影射农村贫穷。只要有人提到“农村人”这三个字，他就认定是不怀好意地在讽刺他，连在微博上说也不行，只要看见就会跑去骂，不管对方是谁，也不管认不认识。

王刺猬也有喜欢的女孩，追了一个多月，战绩不佳。约看电影、约吃饭，对方一律拒绝。刺猬不甘心，每天下班都在女孩的写字楼下等，后来发展到偷偷跟踪，吓得人家打了110。我劝他放弃算了，他的回答是：“我那么喜欢她，她凭什么不喜欢我？”之后很长一段时间，他不断打电话去骚扰女孩，弄得女孩几次找上门来投诉。我说：“刺猬你这又是唱的哪一出？”他说：“反正她也不喜欢我，恶心恶心她也是好的。”

像王刺猬这样的人很多，我把他们统称为轴货。轴货不分男女，他们的症状是相同的：拧巴、较劲儿，坚持用自己的思维去揣度人和事物。他们认为只要执着就能成事儿，到最后发现连上帝都跟自己过不去。

女同胞们，如果你找了个轴货男朋友，我只好默默为你点支蜡烛。他们往往会有一个不堪回首的童年，生活拮据或者父母离异，这会让他们觉得全世界都欠他们，由谁来还？当然是你。

另外，这种人很少有朋友，觉得所有人都在和自己作对。不仅如此，在生活中他们也是刺猬，碰不得。如果他们家不富裕，你就不能提穷人，提到穷，就是在说他们家。他们会清楚地记得为你做过的每一件事、花的每一分钱，并且会经常说出来。另外，吵架的时候，谁对谁错是一定要搞个水落石出的，不然谁也别想睡。更重要的是，他们一定要赢，只能是他们赢。

你不要幻想自己的包容和爱心会改变一个轴货，他们的思维如同计算机一样设置了固定程式。当然，你也不要高估自己的包容心和爱心，它们坚持不了多久。其实吧，解决感情问题的方法有很多，但是最简单直接的办法我一直忍着没说。

好吧，现在告诉你们，那就是，如果遇见了轴货——换人。

07.

找了一个他，后面有个妈

千万不要问男人“母亲和老婆同时掉进河里先救谁”这个问题，如果你一开始就打算和婆婆一决高下，那么别怪我没提醒你，你很有可能被老公和婆婆同时推进河里，没人救你。

这年月找个靠谱的男人不容易，首先要担心他会不会一直爱你、忠不忠心、有没有钱，日夜防小三，拴住他已经够累的了，有时候还要和他老娘拼。千万不要掉以轻心，很有可能最难搞定的，就是他这个妈。

坦率地讲，不是所有男性都会顺利地从男孩变成男人，有一部分人虽摆脱了母乳，却还抱着奶瓶；虽去掉了尿布，但还穿着开裆裤。他们就是妈宝男，尚未断奶的妈宝男大致分为三种：

一、习惯被虐型，特点：我是小羔羊，不抽我不爽

他们对母亲言听计从，事无大小，都会听从母亲的吩咐。从衣食住行，到女友标准，母亲都有自己的要求，不可违抗。他们是习惯被虐型，他们的母亲是武则天。他们没有主动权去选择自己的人生轨道，像准时准点的航班，从不允许丁点儿延误。在母亲的眼里，不守规矩就是抗旨，儿子就是脱缰的野马，就是马航MH370，丢了就找不回来。

在选择女友方面，儿子的意见永远要保留。“武则天”会一把抢过手机看着照片对你横挑鼻子竖挑眼，好不容易过了种种关卡，结婚前她恨不得先替儿子试试，看你是不是黄花大闺女，手指够不够柔软。

二、无法断奶型，特点：谁敢欺负我，我告诉我妈

他们没有真正地摆脱过父母，无论是经济还是精神层面，都没有办法彻底断奶。他们虽成了家，但还需要靠家人补助度日。他们办事毫无主见，需征求母亲的意见，他们的母亲不仅是ATM，还要帮助他们谈恋爱。

这种男人一般有较好的生活条件，也不乏富二代，他们需要向父母伸手，来满足生活方面的开销。可是，没有独立的经济，就没有独立的生活。小时候在学校里受欺负，一定是母亲出面替他们摆平。

其病情发作期多数在结婚以后，两口子吵架，男方一旦有半点儿理亏，不等你回娘家，他们早就打电话告诉自己亲妈，一把鼻涕一把泪地将你控诉。他们并不能很好地理解成家立业对他们来说是重新组建一个自己的家庭，而不是大树下的一棵小树，夫妻双方的问题与父母无关。他们不会主动征求你的意见，事无巨细都要过问母后，对于你在家中的一言一行，你的喜好和穿衣打扮，他们都会站在母亲那边数落你。你所吹的枕边风，他们马上就会吹到亲妈那里。他们是婆媳关系的传声筒和搅屎棍。

三、头文字“孝”型，特点：我妈不容易，你给我出去

这类男人的母亲在抚养孩子长大成人的过程中历经磨

难，或单身，或守寡，或家贫，含辛茹苦，全力以赴，只希望儿子出人头地。这造成了一部分男人在任何时候都站在母亲一方，母亲的话是比“地球围着太阳转”还真的真理。他们以孝为挡箭牌，他们的母亲是孟母。

孝并无过错，其主要问题在于，他们把母亲的地位过分夸大，让她坐在太师椅上，你要给她捶背揉肩，备饭奉茶。你挑水，你浇园，你生火，你劈柴，自从嫁进他们家，家里所有的牲口都歇着了，光看你一人忙活。如果母亲一不小心将玻璃杯打翻扎着手，他们会认为是你没有及时地把玻璃碴儿收拾干净；如果逛街时母亲看中一件衣服嫌贵没买，他们会认为是你不舍得花钱。一旦你认为你有理要辩驳，他们就一定要把三纲五常拿出来给你念念紧箍咒。

当然，并不是每个妈宝男都像以上说的那么不堪，有轻度恋母情结的男人更懂得怎样呵护女人。不可否认，男人诚实、善良、富有爱心的好品质多数来自母亲的言传身教。**如果你有幸遇到一个风度翩翩、彬彬有礼、吃饭时给你夹菜、上车时为你开门、逛街时为你拎包的男人，你首先要感谢的，是他的母亲。**

08.

包子配狗，天长地久

养过狗的人都知道，狗狗的坏习惯一旦养成，是很难改掉的。比如随地大小便、翻垃圾桶，即使你很生气，它摇摇尾巴蹭蹭你，下次还会再犯。渣男也有同样的习性，当他发现你底线很低时，就会肆无忌惮，反正哄哄你，你还是一样对他好。当然，这样打比方有点儿侮辱狗，因为狗对人绝对忠诚，渣男却不会。

毫无疑问，最容易和渣男纠缠不清的就是包子女，因为包子是狗的最爱，所以古人会说肉包子打狗，有去无回。什么是包子女？就是自带光环以拯救人类为己任的圣母。再具体一点儿，就是那种温顺善良、缺乏自信的姑娘，在爱情一开始的时候犹豫不决，面临破裂时又不愿舍弃，她们默默忍受各种伤害，咽下一口口老血维系着内心那点儿可怜的归属感。这种人会让旁观者落泪同时又想放火，所以统称她们为包子。

包子女的表现一般有两种，第一种是倒贴，自己经济并不见得宽裕，对自己非常小气，却要省吃俭用给男人花钱，希望这样就可以留住男人。第二种是抱着“天下男人差不多，和谁都是过”的态度，忍受男人的各种不良嗜好、劈腿甚至家庭暴力。究其根本原因，就是从小养成的不自信，不懂得拒绝，没有安全感，认为只有无条件付出才可以获得幸福。

自己是包子就别怪狗惦记，渣男最喜欢捡这样的软柿子捏。很多女生都来向我倾诉一次次原谅渣男出轨，渣男一次次再犯的遭遇，看得我很郁闷。离开他真的会死吗？或者你就那么肯定，世界上除了他，真的就没有男人要你了吗？好吧，我干脆用最简单粗暴的法则，列出五种千万不能碰的男人，供包子女们反省。

第一种，极端自卑与自负的。自卑和自负最容易造成心理扭曲，极端自卑的表现是，任何人只要离开他，比如朋友闹翻、情侣分手，必定是对方瞧不起他，背叛了他，不是嫌弃他没钱，就是嫌弃他没背景，全世界都对不起他，女人都是婊子。极端自负则是觉得全天下的女人只要能和他在一起就是前世修来的福气，所以你洗衣服做饭任劳任怨都是应该的，他给你一个好眼色，你就得感恩戴德。你要知道，一个女人是根本无法满足他的，必须要是三宫六院，所以这种男人出轨，简直是天经地义，家常便饭。

第二种，是从本质上觉得女人比男人低一等的。这种男人觉得，不论什么时候，这个世界都要以男人为中心，女人就是附属品。就连女人被强奸，也是女人穿得过于暴露造成的。和这种男人恋爱，你就是衣服，他想换就换。

第三种，万年屌丝。万年屌丝就是把屌丝做出优越感的男人。他们会因此做出很多让人不齿的事，比如不停骚扰女人、在社交平台上说各种猥亵下流的话，理由就是：反正我是屌丝。

第四种，毫无责任心的男人。这种男人会让你自己扛着煤气罐上楼，让你自己从超市拎着大包小包回家，甚至让你自己去打胎。

第五种，有吸毒等不良嗜好，并且有家庭暴力的男人。这一类型不用多说，找他们谈恋爱等于找死。

其实渣男并不仅限于这五种，还是那句话，防止渣男的最好办法就是学会果断拒绝，屏蔽、拉黑、删除所有联系方式，老死不相往来。

如果你不小心遭遇了一个渣男，我会哀你不幸，劝你尽早离开并且总结教训。

如果遭遇两个以上，我会怒你不争，想要摇着肩膀把你骂醒。

如果你总是和同一个渣男纠缠不休，那我只好祝你们天长地久了。

09.

打打男文青的脸

朋友，你会因为男朋友在微博上为你征集999句祝福感动吗？

你会因为男人会写情诗崇拜得要死和他滚床单吗？

你会因为男人在草坪上点一圈蜡烛就发誓要嫁给他吗？

你会因为男人感叹怀才不遇心生怜悯觉得全世界只有你懂他吗？

如果会，那么我只好默默地为你点支蜡烛，你中了文艺男青年的毒。

文艺男青年是怎样的一群人？答曰：胸怀屠龙之术，手无缚鸡之力；觉得全世界都应该宠爱他们，又觉得全世界都辜负了他们；经常顾影自怜，感叹自己好帅好有才，实际上一脸青春痘，一贫如洗；最擅长的就是思考人生，探讨我们从哪里来、要到哪里去；觉得屌爆了的姿势就是以四十五度角仰望星空。事实证明外星人是不存在的，如果有，早被文艺男青年发现了。

什么？你觉得男文青很浪漫？他们看上去是浪漫，可他们中有些人只是浪。无论是在沙滩上写下你的名字被浪冲走，还是在云上写下你的名字被风带走，屌丝男文青的终极目的就是用最低的成本把你带走。有句话说出来你会嫌我庸俗，很多浪漫的招数其实是被没钱逼出来的。把去几个比较大的城市转转说成感受都市繁华，把去穷乡僻壤说成去洗涤心灵，可见他们的心灵有多容易被弄脏。我不相信摇摇欲坠的客栈比五星级酒店更有情调，反倒觉得在房产证上写上你的名字比在任何地方写你的名字都更有诚意。在我看来，屌丝男文青更应该做的不是去远足，不是去寻找失落的灵魂，而是多去超市转转，别错过商品打折的机会。

屌丝男文青把妹的招数无非是一谈理想，二谈不幸。自己空怀一腔壮志，只可惜报国无门。千万不要被这种调调蛊惑。恕我直言，所有觉得自己怀才不遇的人，事实上都并不那么有才。这年月资讯、网络如此发达，如果真有怀瑾握瑜的才能，想不遇都难。更有一种可笑的屌丝男文青把自己的悲惨境遇归咎于别人嫉妒、陷害自己，实际上是他们没多大本事还目空一切不好相处。说这种话给女人听，意思是天下人都辜负了他们，如果你再辜负他们，那简直要天打雷劈。所以用攒了半年的优惠券请你吃一顿肯德基，还要你给钱让他们打车回家。

仗义每多屠狗辈，负心多是文艺男。为了自己的荣华富贵不惜抛弃妻子的屌丝男文青古来有之，现今社会也是屡见不鲜。他们是靠感觉活着的一群人，而感觉是最不稳定也最靠不住的东西，上一秒对你有感觉下一秒就会对别人有。现实普通的爱情对于他们来说太庸俗，非要追求格调高尚与众不同。他们的爱情是难过、是疼痛，主要是疼给自己看。

当然，现下的状况是女人越来越不容易感动，越来越不好骗，所以屌丝男文青的市场前景也岌岌可危。靠着几行情诗就能把女生迷得七荤八素的时代大概已经一去不返了，然而屌丝男文青们依然在古镇的酒吧、星巴克咖啡店、街角的邮筒旁边，穿着帆布鞋，听着豆瓣音乐电台，等着女生们上钩，心里唱着：她们都老了吧，她们在哪里呀，幸运的是我曾陪她们开“房”。

10.

愿少女之心与你同在

每当看到年轻的女人抱怨“世上的男人没有一个好东西”，或是感叹不再相信真爱的时候，我都有一种莫名的悲伤。我并不想为男人辩白，也不会奢望灌几口鸡汤就能让她们重新燃起对爱情的希望。一个女人如果开始陷入怨妒、仇恨的情绪，不愿意再去相信世界上存在种种美好，那便是当初的那颗少女之心，已经死了。

少女之心与年龄无关，有些人到了五十岁依然觉得自己有人追求，有些人二三十岁就已经老气横秋。相信真爱是一种对幸福的渴望与追求，是一种让自己越来越好的朝气与信心，不因遭遇坎坷而退缩，不因和渣男纠缠而失落。任何时候都相信有人会深爱自己，这便是少女之心不死。

爱情如同美食，只有你自己知道你想要哪种口味。要么坚定地忠于本心，等待最适合自己的那一款；要么大胆尝试，一旦遇到错的，就要有愿赌服输的勇气。最可怕的是既不相信爱情，又希望有人爱自己，觉得男人终究靠不住，又希望被细心呵护，这样的人终究抓不住幸福。

烂俗的言情剧里经常出现这样的桥段，女主角被渣男伤害，加之命运的各种戏弄，人生跌到了谷底。正在了无生趣狼狈不堪之时，绝世好男人出现了，无私地伸出援手拯救她，带她走出阴霾，重见天日。可惜这只是琼瑶奶奶编出来安慰广大怀春少女的。现实生活里最难堪、最痛苦的日子一定是你独自承受的。只有少女之心不死，才能凤凰涅槃般浴火重生。等到你一个人也能过得很好的时候，才会有视你如珍宝的人出现。

或许你并不美丽，或许你从来没有考过一百分，或许你工作没有太大前途，还有这样那样的苦恼，或许你被人甩过，或许你还在为减肥不成功而苦恼……当你静下心来观察，你会发现周围的人和你是一样的。是的，我们都太普

通，普通到突然消失世界都不会有任何改变。既然已经不够好看，就不能让那些坏情绪把我们变得更难看。

有次美国堂妹和她的新男友来机场接我，男孩是马来西亚的华裔，人很老实，就是长得和我属于一个级别，跟闹着玩儿似的。我说："Niki，你这么漂亮，怎么总喜欢找丑人咧？"她想了下回答我："哥哥你知道吗？你们丑人更需要有人爱啊。"

没有幸福是不请自来的，要跑着追求、跳起来争取。我们不能一开始就确定要和谁相伴终老，当然要遭遇不同的人，所以有甜蜜，也有伤害。把甜蜜留在心里，把伤害留给时间。

容颜易老，心境却可以年轻。梦露为什么能成为全世界人们心中永远的少女？不仅因为美貌，更因为她一如既往忠于本心的敢爱敢恨，永远天真地对待并不美好的世界。

我喜欢那些被渣男伤害过依然乐呵呵地面对生活、乐呵呵地相信爱情的女生。不是因为她们幼稚好骗，而是我们能从她们身上看到人生的希望，看到自己会越来越好的信心。相比于那些怨妒、消极的人，她们永远是少女。

只要能爱，青春就还在。

THE TRUTH
ABOUT MEN

置身一段即将逝去的爱情，本以为做好一点儿就可以挽回，结果发现做任何的补救都是自取其辱。亦舒师太早就说过，当一个男人不再爱你，你静默是错，哭闹是错，活着呼吸是错，死了还是错。还需要去寻找到底是哪里出了问题吗？你就是问题，没有了你，天下太平。

男人真相

Chapter_3

男人这样表现时，你要小心啦

_ 男人的潜台词

_ 不爱在心口难开

_ 你一追，他就跑

_ 男人谎言实录

_ 如果一个男人在你面前流泪

_ 认错识男人

_ 民间女“FBI”反出轨大全

_ 出轨男的告白

01.

男人的潜台词

有天微博上一个很会写人生感悟的女博主来问我：“好大，喜欢的男生对我说他很敬重我是怎么回事？”我说：“就是不会发展出爱情的意思啊。他对你像对待长辈一样，这是男人的潜台词。”她哭着回去把那个男生拉黑了。

什么是男人的潜台词？就是本意不想伤害你，又要委婉地表达出自己的意思，让你去回味、去琢磨的话。男人这种弱智的动物还会说潜台词吗？是这样的，当男人面对心仪的女生时，自然会血脉偾张，脑子里一片空白。如果遇见不喜欢的女生，双脚就离地了，智商又重新占领高地了，他们不仅会抢答，还会说反话呢。

先从相貌说起，男人对美女的形容都很拙劣，比如小妖精、小骚货，千万不要以为这些是骂人的话，妖精是男人对美貌最高的评价。其次，男人面对想要追求的美女，会直接说“你好美”。如果是长相普通的女生呢？男人会说你很可爱，你很萌，你的鼻子很好看，你的眼睛还不错……当然，如果男人夸你“人挺好的”，千万不要得意，那是因为在他们眼里，你的长相实在没有可圈可点之处，甚至是丑。

男人是不太懂得拒绝的，“我不喜欢你”“我们不合适”“我不爱你”这些话当然很难说出口，所以在拒绝女生的时候，他们一般只会说“我们还是做朋友吧”。如果连这个都听不懂，那你就太二了。做朋友的含义有两种，一种是维持现状，另一种是“如果你愿意和我上床，不需要我负责，我也是很乐意的”。

有些潜台词是很危险的，要高度警惕。

1. 很多女生听到男人说自己被前一段感情伤得很深、对爱情失去信心之类的话都很奇怪，又不是老娘伤的你，说这些没用的干吗？当然有用，那是在提示你：“如果我做出什么对不起你的事，比如用出轨来报复女人，或者和前任重温旧情，千万不要怪我。”

2. 如果有个男人常说喜欢你，想和你在一起，并且说你好傻好天真，但他又不经常联系你，或者是你主动联系他才回复你，这种情况，基本上是他有另一个正式的女朋友。

3. “我很累。”男人会用很累来拒绝和你沟通、陪你逛街、和你亲热……真正的含义就是“我现在不想看见你，你可以滚了”。

4. “你很与众不同。”小心，当男人这么形容你时，不一定是夸奖，也许是说你丑得很奇怪。

好了，男人的潜台词还有很多，比如对你说“晚安”，意思有可能是“赶紧滚去睡吧，我要打会儿游戏了”，也有可能是“你可以闭嘴了吗，另一个妹子等很久了”……**其实你也不必因此去揣摩男人的每句话是否有另一个含意，他喜欢或者不喜欢你，问你自己的心就知道。**

02.

不爱在心口难开

笔者你蒙圈了吧？应该是“爱你在心口难开”才对啊。不，其实对于男人来说，不爱你，更难说出口。

我有个很好的哥们儿，事业有成，人也善良。有次一起吃饭，他接了个电话：“哦，你要搬家啊？我……好吧，我去。”

挂了电话，我问：“还是那个女孩吗？”

他说：“是的。”

这是个追了他一年多的女孩子，哥们儿似乎对她不太感兴趣，可每次都答应她的请求，比如修电脑、给车做保养，这次是搬家。

我说：“你们真的没可能吗？”

他说：“没有。”

我说：“那为什么不直接拒绝呢？”

他说：“我不好意思啊。”

我经常告诫女生，如果一个男人对你很有礼貌并且爽快地答应你的求助，并不代表喜欢你，可能只是想和你上床，也有可能真的是不好意思拒绝。是的，让男人正面地说不，是件很难的事，尤其对于女人。如果面对的是一个朝夕相处、曾经深爱过的人，那更是难上加难。

我的另一个朋友小陈，是个斯文秀气的女孩子，家庭条件不错，既不漂亮得咄咄逼人，也不会热爱工作强势到让男人害怕，在我看来，她应该属于最好嫁的那种。小陈和每个女孩子一样，喜欢男人有让她崇拜的地方，男朋友是个才华出众的建筑师，这一点让她颇为自豪。

交往时间不长，男友去深圳开了一家个人工作室，小陈留在上海做很普通的销售经理助理。开始还好，后来就不对劲儿了。先是电话，十个里面男友接一到两个，总说自己忙，后来发展到短信也很少回，小陈坐不住了。

不知道谁说过，如果一个男人爱你，就是在选总统的时候也会抽空给你发个短信。正好小陈看到这句话，心里着急，就坐了飞机直奔深圳。到的时候是下午，男友不在家，她有钥匙。没告诉男友自己来了，先打了个电话，没接，回了短信说在开会，晚上要加班。她一个人坐在深圳的出租房里，又闷又热，打开了电脑。男友有QQ，但已经把密码改了，女人的超能力都是被逼出来的。

她又是搜索又是打电话给各个计算机高手，终于搞定了QQ密码破解器。打开一看，心都碎了，心碎的不是男友和别人有染，而是他百无聊赖地和QQ上很多人聊着各种琐事，却对她在线隐身，整个晚上一直不接她的电话，却不向她解释发生了什么事。

七点多，男友就回来了，看见她愣了一下。

小陈开口就问："是要分手吗？"

男友一句话不说，往床上一躺："我好累，我们不谈这个好吗？"

小陈说："谈，就要谈这个。"

男友说："谈什么啊？"

小陈说："你为什么不接我电话？"

男友说："我很忙啊。"

小陈说："忙你还和别人聊QQ。"

男友不说话。男人最厉害的招数就是不说话。

小陈说："你是不是要和我分手？如果是，你说一声，我不是不讲道理的。"

男友还是不说话。

就这么平静地过了一宿，男友在黎明时终于没熬住，说："对不起，以后我会尽量多抽时间陪你。但我真的很忙，你也要体谅我。"小陈第二天坐了头班飞机飞回上海，男友好了没一个星期，又变得像之前那样。更夸张的是，现在不打座机几乎找不到他。

小陈上班、吃饭，干什么都没心思，她不停地查星座，算塔罗牌，问每一个专家。但是什么也不能挽救一段走向末路的爱情。小陈又飞去了深圳。这次男友正在家里画建筑图，看见她来了，说了句"来了啊"就没有下文了。小陈一直盯着这个男人。

时间可以把一个你出门不带钥匙、不带钱包就跟着走的人变成今天这个样子吗？时间到底为什么这么讨厌啊？为什么没有人杀了它呢？

小陈一开始还很冷静，之后就哭了出来，她说："你是不是不要我了？"

男人还是不说话。

小陈说："我班也不上了，我只想听你说一声'我们分手吧'，把这段感情画上句号吧。"

男友继续画着。

她就这么重复着这句话，一直说到声带出血。男人就一直侧面对着她画着，又是一整个晚上，直到男人下巴上都长出青青的胡楂儿了，他忽然说了句："嗯，分手吧。"

小陈说，就好像等了一晚上的另一只靴子终于扔下来了，她有种粉身碎骨终于要落到地面的又痛苦又解脱的感觉。后来我问她："那句话有那么重要吗？"她说："对，就好像结婚的时候要说'我愿意'一样，分手也要说再见吧。"

这件事让我伤感了很久，置身一段即将逝去的爱情，本以为做好一点儿就可以挽回，结果发现做任何的补救都是自取其辱。亦舒师太早就说过，当一个男人不再爱你，你静默是错，哭闹是错，活着呼吸是错，死了还是错。还需要去寻找到底是哪里出了问题吗？你就是问题，没有了你，天下太平。

并非每一个男人都能做到温柔地开始，温柔地结束，多数人会选择找各种理由搪塞，或者干脆连理由都懒得去找，结果无非就是不爱了。说出来的确很残酷，毕竟是自己爱过的人，可是不说出来更加残酷，就像钝刀子割肉，往往更疼。

我知道，女人们并非是要死缠烂打留住一个不爱自己的人，可令人抓狂的是，幻想着可以一辈子为自己挡风遮雨的人，连一句“我不爱你了”都不敢说出来。呸，尿货。

03.

你一追，他就跑

很多女生都有这样的经历，感觉到一个男生对自己有好感，却迟迟不肯表白，对方其实也还不错，好捉急，干脆自己主动一些好了，结果遭到男生的拒绝。还有更悲催的，好不容易喜欢上了自己本来不喜欢的人，努力说服自己要想开、要放下，和谁过不是过啊？结果对方说“呵呵，我们不合适”。这种感觉简直不亚于被赵四儿说“我×，老妹儿原来你胸这么小”，然后一溜烟跑了，留下你独自一人披头散发回了家。

有句俗话叫“男追女，隔层山；女追男，隔层纱”，意思是说女人追求男人会比较容易。其实这句话放到现在简直大错特错，男人在爱情中是喜欢做猎手的，很享受角逐的快感。有人总结男人追女人是普遍撒网，一次性聊骚好几个，就像在电驴上下片，哪个先下完先看哪个。这未免说得过于绝对了，事实上男人更喜欢在群雄逐鹿中抱得美人归，容易到手的猎物，自然不够珍贵。

如果你倒追男人，即使他对你存有好感，他也一方面会觉得你行情很差很缺爱，主动送上门的东西肯定不会太好。另一方面就是会觉得你对待爱情很随意。男人在这方面很敏感，表现得过于热情，很容易让人联想到碧池[1]。所以合理的状态是猎人追逐猎物，猎物反过来追捕猎人，不是野猪就是母老虎。

要知道，当男人还没有准备好和你交往，并不代表会拒绝和你上床。如果你表现得过于主动，顺水推舟上个床男人是很乐意的。在稀里糊涂滚完床单之后，你满心欢喜觉得可以开始交往了，而他心里更加坚定了之前的想法：你确实很随便。所以用错误的方法去爱一个人，更容易失去他。

我再次强调，当男人真正喜欢一个女人时，没有不猴急的，所以会不停地约你吃饭、看电影。忽冷忽热和暧昧不清只能说明他没那么喜欢你，或者根本就是把你当成备胎。女人终究是爱幻想的动物，以至于在大街上看到一个帅哥，就会联想到和他结婚时选哪一款婚纱、用什么颜色的地毯、找哪个闺密当伴娘，等等等等。这种思维方式容易把男人想得过于复杂。其实男人真的没你们想的那么复杂，爱你在心口难开，把你当成女神不敢亵渎，那只是爱情剧里供广大少女意淫的桥段，现实中的男人只会俗气地计划第几次约会可以顺利牵到你的手，什么时候可以上床。

爱情很甜美，然而表白却是有风险的，有时候“我喜欢你”几个字说出口，意味着连朋友都做不成，关系再也回不到原点。其实认清一个男人对自己的态度并不难，只需要具备常识就可以，只是有很多人被爱蒙蔽了双眼，不愿意相信自己喜欢的人其实并不喜欢自己，才会抱着幻想去表白，万一答应了呢？

倒追男人是危险的，侥幸心理更不可取，现实往往比想象的更为残酷，燕公子[2]用几年时间印证了一个真相：男人不给你打电话、不发信息，没有其他原因，就是不想理你。我也借这句话说明另一个真相：**男人不主动向你表白，就是不爱你。**

---

[1] 网络用语，英语单词“bitch”的谐音，指不自重的女性。

[2] 原名龚燕，娱乐圈资深经纪人，微博上颇受欢迎的“衣锦夜行的燕公子”。2013年因与本书作者联合推出大热畅销书《迎男而上》而爆红，被无数“剩女”粉丝奉为全民闺密。

04.
男人谎言实录

Y小姐大概又要失恋了，剧情一点儿也不新颖。在网上相遇、见面，彼此感觉都不算坏，吃过几次饭以后滚了床单。照这样的剧情发展下去，应该是同居或者进一步发展，可是突然有一天，男人不见了。

Y小姐自认为也是见过些世面的，知道愿赌服输的道理。狗血的是突然有天晚上男人又在QQ上现身了，没等女人质问，男人就神神秘秘地说，其实自己的真实身份是美国特工，前一段时间失踪是因为被发现了只好跑路，如果可以的话，希望Y小姐提供一些帮助，两千块，等风头过了，再好好地重续前缘。

估计很多人看到这里已经喷了，可是Y小姐大概受007的影响太深，她选择相信。这位“美国特工”就这样和她进行着一段逃亡中的爱情，时而失踪，时而又出现，直到有天Y小姐在一个路边的烤串摊边看见男人搂着一个杀马特少女，正准备上前撕扯一番，男人把她拉到一边小声说：“这是我的助手，你不要误会，我们这样完全是为了掩人耳目。”

另外一位X小姐的遭遇，简直可以用突破想象力的极限来形容。男人多次出轨被抓包，给出的理由是：“亲爱的，我一直没敢说原因，怕吓着你，其实我是被鬼附身了，那些事都不是我干的。”

男人撒谎并不完全都有不可告人的秘密，有时候只是单纯爱面子。S小姐有次和一个男同学去逛街，男生收到两条短信，她调侃说：“呦，还有人给你发短信呢？”男生回答说是追求自己的女生，挺漂亮的。S小姐在他上厕所的时候忍不住看了一眼他的手机，两条都是10086发的。

由此可见，男人在撒谎的时候智商等于零。那为什么很多女人却愿意相信呢？大概这就是爱情。

平心而论，多数女人比男人心思缜密，男人的种种谎言根本骗不了她们。可女人终究是容易被爱情冲昏头脑的，所以“我只是在外面蹭蹭，不进去”这种谎话才可以屡屡得逞。她们宁可相信男人有不得已的苦衷，因为面对谎言，比面对一个男人不爱自己的事实，容易得多。我经常告诫男同胞们不要低估女人的智商，谎言编造得天衣无缝也是谎言，不揭穿你，或许是不屑一顾；或许是不忍心看到自己经营起来的爱情付之东流，在等你回头；或许是彻底死心了，只是你还没感觉出来。

其实男人谎言里的Top 1（第一名）就是“我会好好爱你一辈子”。不论你相信还是不相信，也不管以后会发生什么，至少在说出来的时候他是真心的。爱情的甜美之处或许并不是白头到老，而是在人生最好的那些时光，有人真心把你捧在手心里。

05.

如果一个男人在你面前流泪

如果你对一个男人说到哭，他一定会否认自己是个经常落泪的敏感患者，承认自己爱哭，就像承认自己生殖器短小一样。

从小时候开始，男人就被父母和老师灌输一种思想：你是男孩，你要坚强，你不能哭，哭是女孩的专利。就连女孩看到男孩哭都会觉得他好软弱。所以，男人即便要哭，也要躲到一个没人的角落，赶紧哭，哭完了走人。或许你能明白男人有多怕别人说他哭了，哭这件事，关乎面子，关乎自己是不是真汉子，甚至关乎自己能不能撑起一片天。

一次去医院照顾病人，已经是晚上十点钟了，医院大厅灯光昏暗，一个男人靠着柱子放声大哭。我路过他身边，看到两个女人搂着他，一个年纪很大，一个年龄与男人相仿，想必是他的母亲和妻子。我无法猜测出是什么样的遭遇让这个男人在母亲和妻子的臂弯中哭得像个丢失了玩具的孩子。

“因为有风”“因为眼睛不舒服”“因为洋葱”都会成为男人回答“你是不是哭了”的答案，他们绝不会脆弱地承认“因为我爱你”“因为我舍不得你”“因为我好想你”，他们说不出口。曾经在微博上做过一个调查：有没有男人在你面前哭过？最难忘的是哪次？看完一千多楼的评论我终于知道，男人的眼泪，一样具有强烈的杀伤力。多年以后，你或许已经不记得花前月下，但是始终不能忘记男人在自己面前潸然泪下。

男人会在什么时候哭？挽留爱人，真心悔过，失去至亲，压力大到无法承受……好吧，如果一个男人在你面前流泪，说明在他心中，你很重要，他对你毫无防备，请明白这些眼泪的分量和意义。当然，过分相信男人的眼泪也是很危险的。我有个女发小，男朋友只要劈腿被抓到就跪下来痛哭流涕，她心一软就原谅了，不久后，又上演这样的桥段。如此三番五次，男人最后还是和一个富婆双宿双飞了，留下遍体鳞伤的她，发誓不再相信男人。对于渣男来说，眼泪是一种迷幻药，令你看不清他的真实面目。

男人的眼泪，越少越珍贵。钢铁般的硬汉子流泪，会令无数少女动容。相反，遇上一点儿麻烦或者不快就哭鼻子的男人只会让人觉得他应该赶快回家找妈妈。还有，男人的哭只适合默默流泪，最多小声抽泣，不宜太过奔放。试想一下，一个彪形大汉蹲在地上哇哇大哭，不是也很容易让观众笑场吗?

还是那句大俗话，男儿有泪不轻弹，只因未到伤心处。突然想起一位女网友描述自己男朋友的哭：“我卸完妆，从浴室里走出来，他哭了一夜。”

06.

认错识男人

如果不出意外，2014年娱乐圈年度最具爆炸性的新闻，应该非文章劈腿莫属了。明星们的私生活本来就是被关注的焦点，加之他先前把自己的形象打造得过于完美，以至于无知少女错把他当成好男人的范本，甚至总结了文章语录在微信朋友圈和QQ空间疯狂传播。所以当文章变成六章时，她们的世界观嗷地一下崩溃了。

不仅如此，文章出轨事件还伤及无辜群众，微博上就有个苦命的男生用生命在呐喊：“我的女朋友比我大五岁，好不容易说动家人同意我们在一起，我还拿文章和马伊琍打比方。现在，她家里人又不同意了，文章，你赔我一个女朋友！”

公众人物犯了错，除了赶紧去后院灭火，出来道个歉是有必要的，至少要安慰一下粉丝们弱小的心灵。引起我兴趣的不是他那篇公文体的道歉信，而是之后那条充满江湖气的微博，那种画面感好像早年间香港的古惑仔电影，古惑仔拿着把菜刀护住女人，向周围的人大声喊：“有本事冲我来！”

很多女性朋友其实早已发现，无论什么样的男人，内心都有强烈的做好人的欲望，至少比女人强烈。

痴情女子为了男人不惜背负骂名的故事很多，男人把爱情看得比名声重要的却如凤毛麟角。即使出轨被抓包，在正房面前也要做出浪子回头的姿态，在小三面前要显得有情有义。世界上哪有如此两全其美的好事？由此可以得出一个结论：男人在犯错被发现的时候，智商基本为零。所以，男人在认错时最容易暴露真实面目。

男人都会犯错，尤其是恋爱中的男人。据我观察，女人爱一个男人的程度越深，对男人犯错的容忍度就越小，所以如果你无法忍受他不及时回你电话、在大街上看别的女人的大胸美腿，甚至他在微博上和陌生女人说句话你都要吃半缸老陈醋的话，对不起，你已经爱得无法自拔了。

既要让男人认识到错误积极悔改，又要确保自己绝对正确的地位，这真不是件容易的事，我们来看男人认错的几个步骤。

第一步：找借口抵赖。当男人发现自己犯的错误不足以造成关系破裂，或者猜测对方没有钢板铁证时，一般都会顺利地找到借口。要知道，每个男人都有与生俱来的撒谎天赋。这种抵赖也是试探，看看对方到底生气到什么程度，能赖掉更好，赖不掉也先把水搅浑再说。

第二步：示弱。当谎言被拆穿或者不能自圆其说，男人基本都会认㞞，伴随着拥抱等肢体语言，一般的台词是：“宝贝，别生气了，我错了，错了还不行吗？”这句话往往是矛盾的激化点，男人觉得自己已经放下身段低三下四了，女人则认为：什么叫“错了还不行吗”？尼玛有这么认错的吗？你根本就是认为老娘在无理取闹嘛。

第三步：反水发怒。当发现对方不依不饶并且局面对自己越来越不利的时候，男人一般都会果断选择怒了，理由无外乎是："多大点儿事啊，老子连错都认了你还想怎么样？"接下来的戏份是做万分痛苦状低头连抽三根以上的烟，或者紧锁眉头唉声叹气，少数简单粗暴者会直接摔门而去。

另外，错误的大小并不重要，关键在于你是否原谅。如果选择原谅，那么熟悉了以上的套路，你可以在某个阶段见好就收，也可以发挥自身演技在局面僵化之前先发制人，做出一副心力交瘁再也不会爱了要离家出走的样子。这时候一定要哭，不是号啕大哭，而是梨花带雨那种，也不要走太快，要留给对方从后面一把抱住你的时机。

当然，如果对方不按套路出牌，眼睁睁看着你夺门而出，毫无挽留的意思，或者干脆自己跑出去找人喝酒，这种情况反复出现三次以上，那么你就应该静下来重新考虑你们的关系了。

07.

民间女“FBI”反出轨大全

有天一位女网友微博私信我说，异地的男朋友发来一张自拍照，看了二十秒，发现他出轨了。作为一名正直并且有爱心的博主，我不会错过任何一个八卦。于是赶忙去问究竟，她说照片是在洗手间里拍的，她从镜子里发现，自己的化妆品被收起来了。我说：“这也不能代表什么吧？”她说：“如果男人把家里女朋友用的东西都细心地收起来，尤其是化妆品、沐浴露，只有一种可能，那就是另一个女人来过了。”

我为自己的智商默哀了五分钟之后，将这件事编辑成一篇微博，两小时之内，引发了数万人的大讨论。点开评论，发现满眼都是散落在民间的女FBI，一篇篇真人真事，精彩程度绝不亚于《福尔摩斯探案集》。我含泪捡起节操，决定将它们整理出来，让这些“绝世武功”得以流传，献给行走爱情江湖的儿女，以备不时之需。

看男朋友微信朋友圈，长得还不错的女生发的照片，能直接点开的是他看过的，要等加载的就是他没兴趣的咯。（看得我一身冷汗。）

现男友不敢出轨，他知道我很聪明。他的聊天方式我都很懂，他从来不会说“嘿嘿”，然后那次看见他发了个“嘿嘿”，我就说开视频，他死都不开，我就直接去了酒吧，在他最喜欢的位置上看到他和一个妹子碰杯，手机放在他和妹子之间。我站在一边看了他大约三分钟他才发现我，他魂都被吓掉了。

女朋友一直不喜欢我玩游戏，有一次工会活动我必须参加，正打Boss呢，女朋友突然给我发FaceTime，只能接了。我一边跟她聊天一边打Boss，突然女朋友不说话了，关了视频就不理我了。后来她告诉我，她从我眼镜片上的反光里看见我放技能了。（论眼镜男的劣势。）

早上出门前换了马桶旁边纸篓里的塑料袋，晚上回来上厕所的时候发现纸篓里有了一张和我们叠法不一样的卫生纸。呵呵……然后他就招了。（你是地球人吗？）

我前男友是百度知道上极其神秘巨会装的人，当年QQ日志里云里雾里深情款款地描述了一个叫乖白的女生。那时候上自习我天天发疯逼问质问责问歇斯底里，他也不告诉我，可能他觉得没必要解释。然后我觉得太生气了，慢慢放下了就断了。很多年以后的一个晚上，我失眠，正好他生日，就顺手发了个“生日快乐”，他回我：“谢谢你，乖白。”（你确定你前男友不是无崖子吗？）

我一闺密感觉她男人不对劲儿，浏览了一遍他手机里的几百个联系人，毫不犹豫地给其中一个号码发了一条短信：“昨晚怎么样？”那号码回过来：“你好棒！”然后就……呵呵，你们知道的……她说就是第六感告诉她就是这个号，就是这个号！（第六感是个什么鬼东西？）

大学前任在网吧通宵玩游戏，第二天发了一张自拍说：“有你陪着真好。”我以为是说我，其实说的是小三。元旦放假我回家选为我们结婚准备的家具和窗帘，回学校发现他脖子上的“草莓”，前任还骗我说是室友喝醉了亲的，后来知道他们元旦滚了三天床单，所以谈了五年还是分手了。前年，前任和小三在我设计的新房结婚生子了，不过去年离婚了。

我就是福尔摩斯。从微博里猜到了是那个女生，然后看那个女生的微博提炼出了她的名字和生日，再用我们以前QQ密码的格式把我的生日和名字换成那个女生的，就登上了他的QQ，看到了他对她的备注是“老婆”和他们恩爱的聊天记录。

以前一起玩游戏，他有几天说没时间，让我帮忙刷副本。我感觉有点儿奇怪，平时都是一起的！用他的QQ号去那款游戏的每个区试，试到一个新区有新建的角色，又试了三次猜对了游戏密码，登录上去发现他和那女的结了婚，让我帮忙刷副本的时候他正在带其他的女的！果断扔了他所有的装备！钱全部送人！再打电话告诉他。（千万不要带女朋友一起打游戏。）

和男朋友聊天时发现他用了我知道的另一个女生爱用的颜文字表情，果断登他QQ看聊天记录。果然那女生和她男友吵架了，来找我男友吐槽，那女生还给他发了自己玩cosplay的照片，估计把我男友惊艳到了，所以那段时间他们聊天很频繁。我果断搜那个女生的微博，把她的素颜照发给我男友看，算是把苗头掐掉了。

说个奇葩的，和他在一起吃饭，他一直注意手机收发短信。突然接了个电话，语气很敷衍，挂了后我问是谁，他说是表姐，还特意让我看通话记录。我拿过他的手机，给他那个备注为“表姐”的号码发了个“我爱你”，不到十秒，他“表姐”回了个“我也是，老公”。我在他面前扔下手机，转身就走。（除了点赞，我还能说什么？）

如果男朋友突然莫名其妙在朋友圈发自拍照那就恭喜你啦，肯定是新认识了一个女孩在暧昧，找由头聊骚。

某天，我、我好朋友、我好朋友男友还有我好朋友新交的闺密去餐馆庆祝，席间我好朋友一直拉长着脸。吃完饭我俩回宿舍，她忽然一把抱住我哭诉：“我男朋友跟我闺密好上了！”原来她男朋友跟她说“好”的时候喜欢在尾音上加一个软软的宠溺转折，而点餐时闺密问她男朋友要不要红酒的时候，她男朋友说“好”的时候加了那个软软的尾音。后来证实是真的。（如此细致入微的观察，你是有多爱他？）

以前问他吃了什么，他都会直接说吃的食物的名称，有一次我问他吃了什么，他回答我说随便吃的，我就知道他和一个女同事一起吃的饭。

跟异地男友在武汉过的春节，我俩都不是武汉人。临走前他买了好几百块钱的周黑鸭，说是带回去给他妹妹吃。可是回去第二天就要上班，他再回到自己家见到妹妹，只能是连续工作六天后的周末（他家不在市区，一般只有周末回家），而周黑鸭的保质期只有三天。（论食物保质期长的重要性。）

发现前任出轨是有一次一起吃饭，他接了个电话，大概就是“嗯，嗯，嗯，好，拜拜”。他接家人或者朋友的电话的时候，一般前面都会带个名字什么的，跟我打电话的时候才这样，我就知道发生什么了，回去就把他甩了。

有一次和平常一样在饭点给他打电话关心他，听声音感觉像在外面，我就打趣说：“是不是和老情人约会啊？”

平时他都会说：“对对对！虚了吧？”可那次他说：“没有啊。”我听完这句话心都凉了，开始质问他准备去哪儿。问了至少十分钟，他承认约了前女友吃饭，那天他前女友来求复合。

前男友搂着我睡午觉（以前从来不会），后来才发现他拿着手机在我背后给前女友发短信。

聊天时我发现男朋友突然开始用“嗯哼”这个语气词，聊天会互相影响，我不用，他从前也不用，所以……还有一次我发现他跟一个女生的亲密合照，他死不承认他跟那个女生上过床。我有个朋友学过动作心理学，从他跟那个女生拍照的动作研究出来他们肯定上过床。后来也核实了，不管他后来怎么求我，果断分手。（动作心理学真的可以研究出上没上过床吗？我读书少，别骗我。）

曾经有一个女性朋友也说过，她回到家看到一件衣服就知道了。因为衣服的叠法跟她不一样，而她男友是绝对不会收拾衣服的，更别说叠衣服了。（唉，女人到底是爱整洁好还是不爱整洁好呢？）

有天早上像平常一样起来，一起去图书馆时我看他的眼神，突然觉得有点儿不对劲儿。在其他人看来，他跟平时一样，完全没有什么不同，毕竟一大清早六七点大家表情都会比较呆滞，但我就是从他的眼神里感觉到不同，然后就各种搜索，果不其然……我猜对了！对！我们都是民间的FBI！

我发现异地男朋友出轨是下午我们在聊天，他发了张截图给我，我留意了一下电量显示是100%，也没怎么聊。大概吃晚饭时我提醒他吃饭，他说："知道了，手机没电快自动关机了，晚上聊。"

前任晚上给人发短信说"晚安"，虽然他说是好哥们儿，可是我不相信，在他QQ里找最近女性访客记录，翻出可疑的QQ，发现邮箱，人肉出女生资料和各种社交网站信息、工作单位，最后前任不得不承认奸情。不是敏感，是不合理的改变和习惯做得太明显。若要人不知，除非己莫为。

他过节时叫前任一起过，聊天记录被我发现，然后又撒谎说前任有事没去，并拿来他与小伙伴们的照片为证。因为是在家里玩耍，他的两个姐姐和小伙伴们还有他都在照片里，所以我就纳闷，反问是谁拍的照片，至此事情败露。

我男朋友一年多的时间从来都是叫我“傻×”，忽然改口叫“亲爱的”，可想而知。

08.

出轨男的告白

有天晚上，一个男人突然私信我说："好大，我就是女人们口中的渣男，你有兴趣听听我的故事吗？"当时我正在写这本书，觉得他倒也坦率，于是对他说："你讲嘛。"他说："我手机打字慢，你不要急。"

他身上透出一种被社会打磨过的成熟，也有经历过一些事情后的沉重，下笔不矫情，大致是说在女儿一岁半的时候，他出轨了。对象是小学到中学的同学，很漂亮，中学毕业后他到广州读中专，女孩家境不好，辍学到珠海打工。他们一直靠书信联系，后来由书信发展到传呼机。这种友达以上、恋人未满的状态一直持续到2002年，他父亲病倒，他卖掉房子给父亲治病，一个人背起了整个家。后来自己又伤了腿，足足休养了一年。

其间传呼台倒闭，他和女孩失联，通过很多渠道打听都没有结果。这种屋漏偏逢连夜雨的遭遇很多人都有，越是在这种时候，心头挂念的那个人越是如同有鬼魅作祟，完全搜索不到信号。世界就是这样奇怪，有时候太小，有时候太大。

他养好伤回到广州，一切从头来过。有位同事，人普通，也善良，经常照顾他的生活以及体弱的父亲，他们像常人一样恋爱，她自然而然地成了他的妻子。接下来就是买房、女儿出世，他也以为自己会这样平淡而又幸福地生活，直到慢慢老去。没想到在2009年的一个下午，在机场工作的他看到一袭熟悉的身影闪过，他一眼就认出了她，她也见到了他。他们就这样看着对方，笑，笑到哭了，就像演电影一样。他们失联了六年。

后来他才知道，他腿伤住院的时候女孩被人抢包，所有的东西都没了。她去过他家，房子已经换了主人，她在落魄中和一个做房地产的老男人相识，然后结婚。老男人瞒着她和前妻藕断丝连，她发现后提出离婚。她一直自学日语，离婚后找了一家日资的旅行社做导游，每天进出机场。问她为什么，她说只记得他的梦想是去机场工作，如果他实现了梦想，说不定哪天能遇到。结果，真的遇到了。

他在一个月后向妻子提出离婚，妻子只是哭，说什么也不同意。他没有坚持，因为妻子没有任何错，况且已经有了女儿。接下来的一年半，他变成了一个魔鬼，两个家，两边走，自己很累，两个女人都很痛苦，他也觉得没法面对女儿。

这种在痛苦中挣扎的生活持续到2010年，他做出了一个到现在为止也不知道对错的决定。他让女孩去日本留学，并尽量留在日本生活，等孩子长大些，自己再离婚。女孩听完后哭了很久，居然答应了。

现在，女孩已经留学两年，明年毕业，他自己也离开广州有了新的工作，希望赚更多的钱，让妻子和女儿的生活有更多保障。他心中已经有了决定，不会离婚。让女孩去日本，是希望她远离自己，能有机会重新开始自己的人生。

听完他的故事，已经很晚了。只觉得人生有太多错位，在对的时间相遇，继而分别，然后又在不对的时间重逢。为什么遗憾和爱总是相伴而至？错过一个人，遇到另外的人，幸与不幸，殊难预料。

我无法将这个人定位成渣男，甚至觉得他有些悲壮。在责任和爱面前，他选择了责任，这是一个男人应该做的。然而世间很多事本无双全之法，我也能体会他的艰难，想和他聊聊，又发现其实没什么好说的，打了一句："满目山河空念远，不如惜取眼前人。"又默默地删掉了。

感情这东西不仅仅会令女人成长，男人也一样。有些经历总好过白纸一张，和几个人练过手至少会懂得一些游戏规则。经验总是从教训中得来的，只有被炸过几次才知道怎么样绕过雷区。其实，相比于日后碰到的女同事、女粉丝、女暧昧对象什么的，前任真的算不了什么，怕，只能说明你没用。

Chapter_4
挑男人挑什么

_ 稳妥的幸福
_ 大叔的心计
_ 滚床单，你准备好了吗？
_ 郎君虽如意，也要男闺密
_ 泡菜剧里刮起的暖男风
_ 姐弟恋，有风险
_ 向他的前女友致敬
_ 已婚男人的味道
_ 遭遇渣男
_ 这个世界对得起你

01.

稳妥的幸福

妈妈们总会以自己的人生经验告诫女孩子：“男人只要对你好，有钱没钱无所谓。”

我的朋友微微，漂亮、听话，早早地嫁了个很普通的男人，原因就是男人一门心思地对她好。后来她对我说：“结婚以后，他就开始作威作福了，原先骑一个小时车把午餐送到我公司楼下，现在眼瞅着我拎着大包小包也不愿意伸手。早知道‘对我好’这种东西是没有保质期的，当初还不如找个有钱人，至少可以抓住一些实在的东西。”

多么痛的领悟！所以，我鼓励一切优质的妙龄女生放开手脚去追求真实、稳妥的幸福。

有句流传甚广的老话：男人有钱就变坏。这句话针对的是突然从一穷二白变成有钱人的男人，俗称暴发户。这样的人会猖狂炫富、自以为是，认为只要有钱就可以解决一切问题，玩遍天下女人。但还有一种有钱的男人是从殷实富足的环境里成长起来的，他们则具备更多的好品位，礼貌、大方，更容易相处。古人几千年前就说过："仓廪实而知礼节，衣食足而知荣辱。"

由于职业的原因，我接触过一些真正的有钱人。从他们身上我没有闻到所谓的铜臭味，相反看到更多可贵的东西，比如诚信、善良、教养、体面和怜悯。有次和一位老华侨吃饭，聊到创业，他说自己年轻时做生意亏了本，向身边很多人借了钱。当时穷得只有一身西服，每天都洗干净熨平，穿上它出现在债主面前，轮流请他们喝茶。"为的是证明我没有跑路，我还活着。后来很多人，包括银行都放心借钱给我，我的生意也越做越大。"

另外有一次，公司楼下停了辆劳斯莱斯幻影，几个同事和车留影。这时候有个中年人低头从写字楼里走出来，不小心挡在了拍照同事的前面，他连声说对不起，然后退到一旁，一直等他们拍完照才走过来。这个人是香港当红的明星，车是他的。

怎样判断一个男人是我说的这种真正的有钱人？如果只看衣着，那只能说你太嫩了。相反他们会在细节上精心做文章，比如一件普通的衬衣，会配一对价值不菲的蓝钻袖扣；一套普通的西服，藏在衣袖里的手表可能价值连城。他们不会大声讲电话，对待女性有足够的耐心和礼貌，送礼物也是恰到好处、够档次。

作为女人，如果有幸遇到我说的这种有钱又有品位的优质男人，当然是件美事。不过就中国当下的实际情况来看，这和中大奖的概率差不多。所以比较起来，不如抓住一个潜力股来得实际，这样得来的幸福也会更真实、稳妥。

郭敬明说没有物质基础的爱情像一盘散沙，其实单方面有物质基础的爱情也未必能长久，比较理想的状态是彼此都有能力付出，都有存在感。当然，如果你运气爆棚遇上我说的这种真正的有钱人，有个真相还是要先了解一下，最令漂亮女人纠结的问题是：你到底是爱我，还是只想和我上床？而最让有钱男人纠结的问题就是：你到底是爱我，还是爱我的钱？

02.

大叔的心计

有句老话，“男人四十一枝花”，有没有道理？看看当下越来越多的姑娘成为大叔控就知道了。

有一次和朋友讨论，为什么吴秀波如此受广大女青年的追捧？大抵他塑造的都是脾气好、机灵、有些阅历又略带喜感的男人，这几点缺一不可。可惜在现实中，这几项兼而有之的，多数是出租车司机。

其实帅气大叔对各个年龄段的女人都有极强的杀伤力。就拿我妈来说，她老人家的男神从郭凯敏到濮存昕最终变成张嘉译，成功地完成了中老年妇女在追星道路上的华丽转身。我问她为什么宋思明包养小三就可以原谅，老太太不假思索地说：“他内心其实是爱他老婆的，只是太帅太有魅力，他没办法，只能怪社会。”

帅哥做任何事情都是对的，包括老帅哥。所以姑娘们迷恋的是有财、有貌、有阅历的大叔，肥胖、秃顶、没几身衣服、上二楼都呼哧带喘的那种，只配叫作师傅。站在大叔控们的角度说，与其和一个同龄人以爱情的名义过一种看不到希望的生活，不如找个事业有成的大叔过有保障的生活。只是和这些见过世面也见过风浪的男人交往也存在风险，他们往往能洞察世事，具有非凡的心计。

你以为男人的心计就是把情人的电话存成10086吗？在大叔们那里，这简直太小儿科了。我的朋友小陈交往过一个比自己年长十几岁的大叔，温柔、大方，会煲汤，会自己做烛光晚餐，也会带她飞去任何一个她想去的地方。小陈以为这就是自己的真命天子了，一心等着功德圆满的那一天。

交往半年多的光景，大叔的前任经常在深夜打来电话，一聊就是一两个小时。小陈是个懂事的女孩，一开始也不多问，可是太频繁总要生气，大叔只是说前任遇到一些感情问题，和自己早就没关系了。不久，大叔去外地做一个项目，小陈飞去看他。他去开会的时候，小陈在酒店的抽屉里翻到一个黑皮笔记本。是前任的日记，记录着他们在一起的点点滴滴。小陈边看边哭，不等男人回来就走了。

后来小陈告诉我，大叔找了新女友，根本不是前任回来找他。她想了很久才明白，他做事那么缜密，怎么会把一本日记放在那么显眼的地方？怎么会出差也带着？其实就是为了让她发现，让她自己离开。

男人在血气方刚的年纪喜欢逞强斗狠、直来直去，老成世故之后才会迂回使诈，使用计谋达到目的。我讲这个故事是想告诉你，不要低估男人的心智。从古至今，哪一门兵法韬略不是男人智慧的产物？相反，**当一个男人在你面前表现得笨拙、迟钝，不耍心计，不拆穿你的小花招时，并不代表他的智商不如你，那是因为爱。**

03.

滚床单，你准备好了吗？

很多年轻女网友都问我恋爱多久滚床单才最保险，我知道她们所谓保险的意思，是既不让男人觉得自己随便，又可以让男人长久地保持兴趣继续滚下去。

如果我是情感导师，就会说想让男人对你一直保持兴趣就不要和他滚床单，这种理论把很多花季少女都逼成了性冷淡。恋爱是一种平等的关系，性爱也是，并不是一方取悦于另一方。我们早已过了那个女人对性羞于启齿的年代，张爱玲早就说过，“通往女人灵魂的通道是阴道”，如果谁说上床就是女人伺候男人，我觉得是对女性最大的侮辱。

对于潦草的性爱，女人付出的代价远远大于男人，这点毋庸置疑。最直接的后果就是怀孕，甚至堕胎。所以，性爱是感情发展到一定程度水到渠成的事。选择恰当的时机滚床单，既是对自己的身体负责，也是对爱情负责。不能随意对待，更不能潦草对待。

约翰先生说："那次约会在酒吧里，她是那样美艳动人，到房间褪掉豹纹裙子时，居然露出一条洗得麦黄的白色旧底裤，还破了好几个洞。我顿时就颓了，怎样都兴奋不起来。她狠狠地说：'你到底行不行啊？'从此我就成了一名轻度ED患者。"

保罗先生说："在网上聊了很久，以为彼此有了一定的了解，可当我们决定在一起的时候，她摘掉胸罩那刻我忍不住笑场，是那种橙子和樱桃般的不对称呢。虽然我不停道歉，但是气氛已经不好了。很快完事后她迅速穿好衣服摔门就走，再也没联系，我担心从此会给她留下心理阴影。"

布兰达小姐说："那时候我刚刚结束一段不愉快的感情，根本没兴趣再恋爱。可是他对我真的很好，每天都把亲手做的午餐送到公司楼下，一个星期的菜色都不重样。我明知道自己不喜欢他，可还是很迷恋那种被宠着的感觉。我想或许上床以后我就会爱上他，可他的表现真的好差。我以为这样就算扯平了，没想到对他伤害那么大。”

看见了吧，一次潦草的滚床单会毁掉一段感情。

当然，对滚床单的态度能体现男人的品位。第一次约会就毛手毛脚的不是屌丝就是渣男；把追求女生当作投资，一旦到手就不愿意追加成本的说到底也是猥琐男。然而女生们也不必担心好男人自己不睡就被别人睡走了，女方在这种事情上过于主动，更容易把好男人吓跑。

我们不能确定最合适的人生伴侣到底是谁，也很难避免要在找到那个人之前和错的人“赤诚相见”。不管怎样，在把自己交给对方之前，准备充分一些，回忆起来的时候，也不至于尴尬得想杀掉自己吧。

04.

郎君虽如意，也要男闺密

各位女施主：

你曾经因为男朋友整夜玩游戏把你当空气而怒火冲天又无可奈何吗？

你有过来大姨妈痛得死去活来而男朋友一句“多喝水”就把你打发了然后倒头睡去让你在心中把他杀了一千次的经历吗？

你正在因为当初那个愿意在楼下冒雨等你两小时的人现在陪你逛半个小时商场就毫无耐心而无语问苍天吗？

符合以上任意一条，首先我要恭喜你，你男朋友是个彻彻底底的直男。要怎样解决这些苦恼？请跟我大声念：直男天生少情绪，温柔请找男闺密。

据我所知，多数男人在感情稳定之后便不会投入过多的精力去经营，他们会有一种占领了根据地的感觉。往简单了说，当初辛辛苦苦把你搞到手，既然已经是他的女人，踏踏实实过日子就是，从此他也可以随心所欲了。殊不知，很多女人需要一种长久的恋爱的状态，说白了就是经常要有被人泡的感觉。好了，当你正准备倾诉衷肠，他那边欧洲杯开场；你正等着枕边耳鬓厮磨来几句温柔的情话，他一句“明天还要上班呢”，然后鼾声如雷……

什么？找你的女闺密倾诉？你真是out了！如果女闺密是单身，她心里一定在想：“呵呵，活该，叫你找男朋友。”嘴上自然是一番单身如何轻松如何自由的道理，让你顿时萌生分手的念头。好吧，找个有主的女闺密去聊，要么就是她男朋友如何疼她爱她让你大起杀心，要么和你同病相怜，两个人一起感叹同是天涯沦落人。总之，这些辛酸苦楚一旦让你女闺密知道，你就会成为朋友圈里茶余饭后的谈资，别指望一个女人能为另一个女人守住秘密。

这个时候，男闺密的优势就显露出来了，你只要确定他对你男人没有兴趣，就放心大胆地去和他交往吧。首先，他们既具备男人的天性，又有女人的情怀，可以排解你很多情感上的困惑。其次，他们和你一样爱逛街爱打扮爱八卦，可以帮你拎包开车门夹菜。总之，除了上床以外，你男朋友能做到的他们都可以做到。更为重要的是，他们不会令你的男朋友吃醋。

有的人可能要跳起来说："既然男朋友对我越来越冷淡，那我换人就是了！"当然，这对女汉子来说，是最直接也最简单粗暴的办法。其实，任何一段感情都会遭遇平淡，不可能时时刻刻都保持热恋的状态。按你们的话说，男人这种没有进化完全的生物，白天要出去接受社会挑战，晚上还要接受你的挑战，怎么应付得过来?

好了，如果你觉得生活中需要一个男闺密，有一点必须要知道，他们中绝大多数人都是外貌协会的，对于外表比直男更为挑剔，选择女性朋友交往也是如此。所以，你能不能找到一位好的男闺密，归根结底，也是要看脸的。

05.
泡菜剧里刮起的暖男风

什么叫作暖男?

相貌俊朗、穿衣显瘦脱衣有肉、不凶女孩子、会做饭的男人，是为暖男。

好吧，那像我这种相貌一般、脱衣穿衣都有肉，也不凶女孩子、会做饭的男人叫什么?

厨男!

心碎成了渣渣，请让我去找女娲。

暖男大多存在于泡菜剧里，像都敏俊西，人帅多金、彬彬有礼，拥有一般男人没有的超能力，至关重要的是他的眼中只有你，你是他生命全部的意义。无论遇到什么危险，哪怕是走在大街上随便打个趔趄，他也会嗖地一下出现，稳稳地扶住你。所以，当都敏俊的双手挡住即将滑下山崖的车子时，当他在游轮上瞬间将千颂伊抱起来时，当他让时间静止深吻她时，全国少女达到了高潮。回过头看看身边的男人，咦？怎么变得横竖都不顺眼了？他为什么不能像都敏俊对千颂伊那样对我？为什么？嘤嘤嘤，于是悲从中来，苍天啊，大地啊，请赐我一个都敏俊西。

就这样，日本动作片毁了中国男人，韩国爱情片毁了中国女人。

我知道，普通直男相比于韩剧里那些男人，简直太不堪了。相貌的巨大悬殊是主要原因，无数女生吐槽过男朋友分不出自己化妆与不化妆有什么区别。更有甚者，有个女生说把齐腰长发剪成齐耳短发，回家等着老公夸奖，男人看了半天，回答一句："皮肤变好了。"气得她差点儿当场离婚。

当然，也有比较狡猾的类型，新式的说法是情商较高，比如我爸。有次我妈悄悄去打了几天玻尿酸，回来后问他自己有什么变化，老头儿看了半天，看不出来。老太太怒气冲冲地说："难道你不觉得鱼尾纹什么的少多了吗？"老头儿说："鱼尾纹？你才多大啊？我可从来没看见过哦……"

好了，现实中的男人就是这样让你经常杀心大起而又欲罢不能，可是有超能力的男人真的好吗？试想一下，你的男朋友是超人，突然有外星人入侵，而你们正在温存，怎么办？让他穿上红内裤马上走吗？事实上，对于爱幻想的女生来说，有适合嫁的人，有适合谈恋爱的人，有适合陪自己看电影逛街的人，也有适合偶尔亲热一下的人，同一个男人怎么可能分裂出那么多种人格来适应你？孙悟空也做不到。醒醒吧，从泡菜剧的桥段里走出来，学会与直男和解才是正经事。

至于暖男，意淫一下就好了，就像时尚品牌店门口站着的一排精壮男模，可以看也可以摸，只是不能带回家。现实中这样的男人，如果不怀疑他们的性取向，也是狂蜂浪蝶集中轰炸的对象，好东西是要大家分享的，怎么可以你一个人独占？

于是有些女人会说："我只是想要一个三观正确，没有不良嗜好的普通男人。"天哪，你对普通男人的要求太高了，像我这样比较胖、抽点儿烟喝点儿酒、贪财好色喜欢看美女的才叫普通男人好吗？

06.

姐弟恋，有风险

先表明我的立场：对于普罗大众而言，如果你找了比自己小三岁以上的男朋友，证明你有一颗不怕被摧残的圣母心，并且是自带光环的那种。我曾经在微博上开过一个关于姐弟恋的话题，随手选了几条评论。

A：“刚跟比我小三岁的老公结婚时觉得是养了个儿子。现在怀孕了，如果肚子里是个女儿的话，那我也算是儿女双全了。”

B：“吵个架觉得自己是欺凌儿童，撒个娇觉得自己是猥琐大妈。”

C：“女人爱上一个人就愿意把那人当儿子疼，这是亘古不变的事实……被那龟儿子伤害后才醍醐灌顶，与其给人当妈，不如给人当女儿。”

D：“前男友心理很幼稚，我就各种迁就他，到后来直接就能抱着我喊妈妈。后来我们俩吵架冷战，他几天后就另找了一个小几岁的……我当时的想法就是，有了媳妇忘了娘！”

E：“交往之前告诉我会怎么怎么照顾我，无论年龄谁大谁小，男生照顾女生都是天经地义的。在一起之后发现思想的成熟度真的是无法逾越的，老娘受够了给他讲解五险一金的感觉。”

F：“分手的时候来了一句‘你年纪也不小了，我可不想耽误你’。你能懂那种感受不？”

看完是不是累觉不爱？可事实就是如此。女人到了五十岁一样会觉得自己有人追求，对于大龄未婚女性来说，有小男生追，那简直比淘宝包邮还要爽一万倍，一方面充分证明自己魅力十足，另一方面是可以吃到一口满嘴流油的鲜肉。

当男人的心智还停留在对世界充满好奇的阶段时，他们不仅需要一个妈妈，还需要一个姐姐，如果你乐意扮演并且享受这种角色，他们的攻势会非常猛烈。有句话叫作“小伙子睡凉炕，全凭火力壮”，他们身上的那种冲动和对爱情的急切渴望足以让你飞起来。你很容易就被他们的举动感动得热泪盈眶，掏心掏肺对他们好。当然，幼稚、脾气坏有时候也会令你焦头烂额，可是出于天然的母性，你总是很容易原谅他们。

姐弟恋面临的最大挑战就是男人的新鲜感和对女人的好奇心。你为他开启女人这个世界的大门，前面风光无限，他会选择永远停留在一扇门前吗？以为用尽心思对他好就可以留住一颗少年心，结果却发现，你有舍身饲虎的勇气和决心，虎却觉得你的肉不够香。

当然，不排除姐弟恋有修成正果的例子。恕我直言，这些例子里有很大一部分女性有着雄厚的经济基础，男人通过女人来改变命运在当今社会已经毫不稀奇，但这里面到底存在多少爱情的因素，谁也说不清楚。

多数姐弟恋的结果都是女方眼睁睁看着自己含辛茹苦

调教出来的男人成了别人的孝子贤孙，你忍不住咬牙切齿地说：“老娘教你打领带，教你学说话、用刀叉，现在要去找别的女人了，你讨女人欢心的本领都是在老娘这儿学会的呢。”可你也没奈何，你仅仅充当了一扇门，当面对眼前的花花世界，这些忘恩负义的家伙会高兴地说：“妈妈再也不用担心我的学习了，我在姐姐那里学到了很多有用的‘姿势’哟。”

07.

向他的前女友致敬

小周突然跑来对我说："好大，我终于捡到宝了，一个感情史空白的男人，各方面条件都不错。妈妈再也不用担心我的学习啦，也不用担心前女友来敲门，好开心，祝福我吧。"先等等，多大了？二十九……"屌丝遍地有，光到二十九。"我在心里默默地念了三遍。

不久后，小周就收到了男人送的第一份生日礼物——一把铁锤。在确定不是凶器之后，她和所有闺密研究了三天也没有猜透这个礼物的含义。后来直接问男人，男人说："兑换券不用要过期了，我觉得这个比较实用。"那一刻，小周想拿锤子砸晕自己。

小周之后的经历可以用惨不忍睹来形容。男人每次在约会完之后都会第一时间掏出纸笔，写上餐费一百五十六元，看电影八十元，冰激凌二十元（我没吃），打车三十元……然后总数除以二，伸手向小周要钱。浑蛋，如此良辰美景不应该先你侬我侬一番吗？不，你侬我侬完了，账就记乱了。

经过这段感情，小周明白了一个道理：别人不捡的东西，自己千万也不要去捡，男人到了一定的年纪连个前女友都没有，基本上不会是一个宝。

感情这东西不仅仅会令女人成长，男人也一样。有些经历总好过白纸一张，和几个人练过手至少会懂得一些游戏规则。经验总是从教训中得来的，只有被炸过几次才知道怎么样绕过雷区。其实，相比于日后碰到的女同事、女粉丝、女暧昧对象什么的，前任真的算不了什么，怕，只能说明你没用。

坦率地讲，直男的品位都要靠女人调教。所以当你遇到一位彬彬有礼的绅士，千万不要以为他身上的好品位都是与生俱来的。这里面凝聚了很多女人的心血，有他的母亲，也有他的前任。只有刻骨铭心地爱过，男人才会把一些东西变成习惯，即便不爱了，习惯也不会轻易改变。

在男人看来，现任处处喜欢和前任比较是世界上最无聊的事。我想对女生们说，你们所要担心的并不是男人的屁股擦没擦干净，或者前任会不会来骚扰，世界上没有谁离不开谁，也没那么多人是喜欢吃回头草的。相反，你们应该担心的是怎样努力使自己不成为前任中的一任。面对一个吃多了美食的男人，你首先要足够有味才行。

这种真相对于某些有感情洁癖的女生来说或许难以接受。他经历过那么多？已经不纯洁了。真蠢，居然奢望世界上有纯洁的男人。如果没有身经百战，那些哄你开心的招数是从哪里学来的？学校里面教这个吗？从别人那里学会温柔，然后温柔待你，这何尝不是美妙的事。没有经历并不意味着单纯，那些看到女生会脸红的死宅男，身上的恶趣味一旦暴露出来，才会真正让你崩溃呢。

另外，试着换一个角度去想。当你收获了一枚男子，出行时为你开车门，吃饭时给你夹菜，愿意在车里不熄火等你半个小时以上，会说情话，会挑选礼物，懂得尊重、善待你的家人……如果顺利爬到正宫的位置，当所有前任都成为炮灰，只有你最终享受成果，这种一将功成万骨枯的感觉，难道不足以让你从梦里笑醒吗？难道你不应该在心里给他的前任们立个牌位，早晚点一炷香吗？

08.

已婚男人的味道

曾经看过一个小三的官方网站，置顶的帖子是这样的：要真爱先把泪擦干，走过去前面是片天。从来女子做大事九苦一分甜，唱一曲《行路难》，难在做小三。我很诧异这是怎样一群在用生命做小三的人，或许她们的人生理念正如版主所说：没有拆不散的家庭，只有不努力的小三。

每个人都有选择人生道路的权利，有人选择爱情，自然就有人选择奸情。婚姻是否幸福其实只有主角自己知道，很多秘密都被小心地隐藏了起来，在人前恩爱，或许早已同床异梦，这样一来就给小三提供了可乘之机。一段感情中最可悲的环节，是不再争吵，审美坏死、信任崩塌，彼此都已看好一条退路，却还要互相藏着掖着，假装若无其事地甜蜜给所有人看。所以韩寒说过，只有不被爱着的一方，才是小三。这句话无疑给小三们打了一针鸡血，让她们斗志昂扬，决心干掉正房。我不想做过多道德上的评价，总之，靠破坏别人家庭上位并不是什么光彩的事。有趣的是，很多有过小三经历的女生都向我提起过，已婚男人有一种特别的“味道”。

已婚男人到底有什么样的味道？是一杯陈年的酒，还是一碗吃剩的饭？恐怕只有小三们自己知道。我只了解当男人和一个女人过腻了的时候，就会对另一个女人出奇地好。一段婚姻不管成功失败，总会让人学会很多，所以小三们觉得这样的男人知冷暖、会疼人，懂得与女人相处的技巧。和缺乏人生阅历的毛头小伙们简直是天差地别，等他们恢复了自由身，那就是最佳结婚对象。于是，她们大胆地用青春去进行一场豪赌。

小三们的剧情雷同并且残酷，男人和正房有很多纠葛需要处理，而小三们的工作除了给予男人一些心灵和身体上的慰藉，主要就是等待。于是无聊的桥段开始了，一方不停地开各种空头支票，说给他一点儿时间，另一方靠着所谓的爱情经受时间的煎熬。

时间真是个可怕的东西。悲惨的是，很多人耗费了青春，等来的却不是自己想要的结果。当然也有被命运之神眷顾的人，一番艰苦卓绝，男人终于顺利结束上一段婚姻，和自己修成正果。其实多数在等待的过程中，那个人已经不是你想要的了，怎么办呢？因为惯性使然也只好在一起了。然而失败的婚姻如同魔咒，当一个人经历过失败，难保下一段婚姻不出状况，小三上位最担心的问题是日后会不会有小四小五出现。在野的时候怎么都好说，一旦主政，都成了一个德行。

在不正常的关系里，人们总是会过分放大爱情的力量，以为自己爱得惊天地泣鬼神。事实上，已婚男人并没有特殊的味道，这只是你还没得到前的一种错觉。另一方面是男人在这种时候会把很多缺点隐藏起来，可以在摆脱一个女人的同时牢牢抓住另一个女人。你无非是一味他用来疗伤的药，等他病好了，藏起来的东西都会暴露出来。于是你得出一个结论：天下乌鸦一般黑，已婚男人尤其黑。你怎么能确定他对你是真爱？与前任也是发过誓一辈子不离不弃的呀。男人出轨是容易上瘾的，如果他就是因为婚内出轨找的你，你怎么能保证扶正以后他就不再出轨？他对付前任的种种阴谋诡计你都看在眼里，如果有一天这样的伎俩用在你身上，那是多么恐怖的事啊！

小三之路终究充满艰难险阻，一不小心就会赔得底儿掉。所以我奉劝各位，为了自身安全着想，还是找个身世清白的男人谈普通的恋爱为好，虽然会有很多东西需要磨合，但毕竟靠谱很多。**一位有过职业小三经历的朋友在已婚男人堆里转悠了一大圈出来对我说，很多风度翩翩看似完美的已婚男人，其实内心根本看不起女人。**

09.

遭遇渣男

如果我能轻松地在男人堆里为你挑出渣男，那么我可以直接去买彩票，可以中无数个头等奖。

如果挑选男人有一套公式，那么它的伟大程度一定超过相对论，可惜没有。

如果渣男身上都有标记，比如额头上刺着“此为渣男”，那会免去很多麻烦。

或者干脆是一坨屎，让你闻闻味道就能发现，可惜也不是这样。

爱情这种事向来是甲之蜜糖、乙之砒霜，你认为是渣，没准别人当作宝。

渣男都是在相处的过程中慢慢暴露出来的，好比一款看起来还不错的食物，在你吃了一半的时候发现里面有只苍蝇，视而不见继续吃？当然不行。扔掉？可你已经吃了一半了。总之是恶心反胃甚至要中毒。更可怕的是，做什么似乎都来不及了。

不要沮丧，渣男好比是个坑，掉进去的人多了，自然会总结出一些坑的特征来。

小雨的故事

小时候家里常闹耗子，祖父买回来一个捕鼠夹，在上面放一块蘸了香油的馒头，于是深夜就能听到老鼠被夹得吱吱乱叫的声音。第二天，夹子还放在原地，还是老办法，依然能夹到老鼠。这件事令我疑惑了好久，心想看似那么机敏的老鼠居然如此蠢笨。后来我才明白，很多人对爱情也是如此，为了那块蘸了香油的馒头，一次次奋不顾身。

小雨是个标准的女汉子，体形健硕，孔武有力，然而模样也俊俏，像发福以后的袁咏仪。我时常嘲笑她不应该取名小雨，应该是大雨或者暴雨，她说她爸是个淮扬菜厨子，原本打算给她起名淮香的。小雨有着强大的内心，说好听点儿是这样，其实就是活得没心没肺。这种人的感受最容易被人忽略，甚至会忽略她原本是个女人。

我认识她时她已经做到南方一家传媒公司的高管，带着不小的团队，也有人脉。有一次突然打电话给我说人在北京，我以为是来出差，她说她辞职不干了，到北京来经营生活和爱情。我说这样未免有点儿可惜，她说："帮帮忙，我这样一个一百四十斤的胖子有人肯收已经不容易了，难道你要阻挡一个小女人追求幸福的步伐吗？"说完哈哈大笑，豪气干云。后来我才知道，她放弃工作来北京，只为当初的一个承诺。

她和男朋友是高中同学，高考男人落榜，小雨则考上了上海的一所大学。那时候小雨家里不知摊上了什么事，要赔一大笔钱，男人去深圳卖房子给她挣了一年学费。小雨一直念着他的好，一念就是好多年。那时候小雨不像现在这样肥硕，学校里有很多男生追她，她都拒绝了，后来干脆和男生们称兄道弟，女汉子大概就是这样炼成的。2008年男人来北京开了家小公司，大概是做外贸之类，小雨送他去机场时说："等你稳定了我就来北京给你烧饭。"男人以为只是应景的话，谁都没想到，她真的来了。

小雨的主妇生活就这样开始了。她一边向爸爸请教厨艺，一边奔波于各大菜市场，有时候为几样食材要骑车兜过大半个北京城，这么折腾居然没瘦下来。有一回我约她一起喝下午茶，不到四点她就嚷嚷着要回家做饭，说男人根本离不开她。其实我哪里知道，她那时候天天上演的戏码是："这个煮干丝怎么样？""还行。""这个呢？不好意思我头回做。""还行……""你就不能说声好吗？""米饭好硬。"（最后这句是我加的。）

这种状态持续了大半年，有一天小雨突然告诉我自己要上班了，我说："你不是来经营爱情和生活的吗？"她说在家闷太久已经跟不上社会的步伐，觉得自己都没以前那么魅力四射了。我说："跟不上步伐难道不是你太沉走不动吗？"回应又是一阵哈哈哈。其实那半年男人的公司一直负赢利，所有的开销都是小雨承担，她还搭进去自己大部分积蓄，这是很久以后小雨才告诉我的。

小雨就是那种既能洗手做羹汤，又能跨马上战场的女人，重新步入职场，依然风生水起。不记得从哪天开始，男人喜欢翻她的手机，看每一条短信，询问每一通电话，常常因为男同事的来电莫名光火，也会因为她衣服的领子扣得不够严实大发雷霆，摔了碗筷。小雨说："如果你真的不开心，我就不干了，还回来给你烧饭。"

就在小雨辞掉第二份工作不久后的一个深夜，她打来电话，这次是哭着的。她说："以前偷偷摸摸我都忍了，今天那个女人居然上门来羞辱，我不想和她吵，跑了出来。都这个时候了，他也不找我。妈的，老娘肚子里有他的孩子啊！这个男人太狠心，再也不烧饭给他吃了。"我红着眼眶看了下表，凌晨两点四十分。

几天以后，小雨从我的视线里消失，回了南方老家。再次相见时，她带着孩子，已经会叫叔叔了。我问她做未婚妈妈的感觉如何，生意顺不顺利，是不是还相信爱情，在一阵哈哈哈之后她对我说："好大，不怕你笑话，除了孩子，他连个像样的礼物都没送过我。不过我已经不恨他了，等孩子长大点儿，我会告诉他爸爸是谁。"

舟舟的故事

来北京的第二年舟舟就遭遇了一场很弱智的失恋，剧情一点儿也不新颖，倒贴，然后男人失踪……

不久后有一次见客户，看到个高大沉默的男人，很像美剧《越狱》里的胡子男，于是舟舟泡他解闷。说到泡，无非就是一起喝喝大酒说说黄段子。男人像活在豆瓣里的台湾电影，冷淡又古怪，她自己也不知道喜欢他什么，可能真的是因为失恋无聊才挑战这种毫无营养的游戏。

半年后的某天，胡子男忽然约她去天津玩，舟舟爽快地答应了。谁知到那儿就开始发烧，第二天早上男人出门去买煎饼果子回来，她裹在被子里看电视，莫名其妙滚了床单。

回北京的路上胡子男的话变得多起来，连一些琐碎家事也开始讲。此后的三个星期里，他像个热情的高中生不停地查岗，每天要跨区接舟舟下班。他好像有个常常发神经的前女友，父母不在世了，经常自杀，搞得胡子男很崩溃。知道了这些事，舟舟不想理睬他，却总是找不到翻脸的理由，我想她心里其实并不想结束这段关系吧。后来她去一家报社做市场主管，男人帮她换了房子，搬去后发现就在他父母家邻街。于是两人顺理成章地成了恋人，胡子男的父母也经常来帮舟舟打扫房子。

爱情这种东西对于很多背井离乡在外打拼的女孩来说，更多的是一种依赖感。拥有一份爱情意味着生活中从此多了一个帮助自己的人，至少在忙碌了一整天后有个肩膀可以靠靠，到底爱不爱，很难说清楚。

冬天的时候舟舟的单亲妈妈来北京，胡子男的父母很热情地招呼她们一起吃饭。在饭桌上胡子男的父母对舟舟妈妈说：“把你的女儿交给我们吧，我们会像疼自己的孩子那样疼她。”妈妈非常高兴。舟舟知道自己并没有那么想和这个男人在一起，却很享受那种家人其乐融融的感觉。在父母不断的催婚之下，她搬去了男人家，不久订了婚。

舟舟说胡子男家的房子是她这辈子住过的最破最冷的老楼，但还是有甜蜜。这个男人虽然无趣，但还算体贴，也许他就是自己的未来。这样的日子里，他那个爱自杀的前女友经常来唱一段插曲，还有过三两任同事、情人、客户、知己什么的光顾自己的生活。舟舟不想沾这些事，便给他绝对的自由和信任去善后。后来经常半夜有女人来访、来电，舟舟总是冷静客气地接待她们，然后和男人吵架。两个人的关系就这样在公开的纠葛下不健康地维持着，结不成婚，也分不干净。

第二年，舟舟因为工作关系去南方四个月，男人和别人结了婚，没有告诉舟舟。更狗血的是，舟舟回到北京后，男人仍然若无其事地和她同居，七个月。

第七个月的一天，舟舟在胡子男的公司等他吃饭，无聊玩电脑，在胡子男的MSN上看到些奇怪的人说话。几秒钟后，她发现了真相，还找到了另外三个在等胡子男结婚的女人的资料和艳照。她给男人打电话，说自己知道了一切，男人没敢回办公室。她拷贝了电脑里所有和女人有关的东西，格式化了硬盘，砸了电脑。这天，她在北京的家、亲友、三四年来积累的一切都化为灰烬。

那么，真正核心的东西，用最精简的话说是这样的：第一，你发现自己是小三；第二，你发现你男人的老婆是你捉奸过的女炮友；第三，这个女炮友连续四年和他通奸都潜在水里，你发现的时候才知道，自己探亲、出差、住院、外出时她都跑来睡你的床；第四，你男人的父母都知道他结婚的事，却像什么都没发生一样，用你的钱，心安理得，你像一个被全世界玩弄的小丑。

是的，这是个非常可怕而又混乱的故事，所幸舟舟心大，没有杀人放火，也没有离开北京，依然顽强地奔忙于职场。我保存着她写给我的一段话：

> 在我的故事里出现的所有女人，胡子男的前女友、同事、妻子，还有他婚后还在骗的女人，包括我，都是父母不全，家境平凡，纯粹依靠自己、没有依附过男人的女人。或许我们都有个共同点，因为亲情的缺失，才会把爱情当作救命稻草死死抓住不放。想到这些，我并不憎恶她们，反倒有物伤其类之感，也许人品心智良莠不齐，却都是在挣扎着，希望保有尊严地获得一份爱情。路都是自己选择的，不想再抱怨什么，用我妈妈的话说，只要活着，比什么都好。

故事讲完了，不同的女人，相同的结局，映照着渣男的丑恶嘴脸。她们都说，有了这样的曾经，并不会滋生仇恨，反而更懂得怎样去爱，有选择地爱。没有曾经的你，哪有现在更好的我？

或许很多人都有这样的疑惑：我知道自己很普通，所以对爱情并没有过高的奢望，真心付出，以诚待人。**为什么总是抓不住幸福，反而被伤得一塌糊涂？我想，一定是上帝知道人生道路漫长，有坦途，也有坎坷，所以趁你还年轻，把不太好走的路放在前面，让你先走过。**

10.

这个世界对得起你

这是我在微博上开的一个话题，随意看几条：

除了父母，若还有那么个人，把照顾你当成一种习惯，这个世界就算对得起你。

如果有那么个人，一天天傻乎乎地问你“你在干吗”“你吃饭了吗”“你累不累”……即使他不够有魅力不够有钱，这个世界就算对得起你。

如果长肉的时候脸不变大，减肥的时候胸不变小，这个世界就算对得起你。

如果有那么个人，觉得你所有的蠢都是萌，这个世界就算对得起你。

好吧，估计有很多人要跳出来说“这个世界对不起我”了。为什么？难道要全世界的人都把你视作掌上明珠才叫对得起你吗？滚粗[1]！其实在我看来，只要你健康成长，受到相当的教育，曾经被人爱过或者正在爱着，这个世界就算对得起你。

去年这个时候，有位陌生女孩发来私信，大致说她是个富家女，从小衣食无忧，无奈情路坎坷，谈了几次恋爱，被伤得很深，觉得了无生趣，正在积攒安眠药准备与这个世界诀别。说实话，我对动不动要死要活的人很反感，但是本着治病救人的职责回复了这些话：“首先，死很容易，但是太自私，自己解脱，留给亲人永恒的痛苦。我曾经也是个悲观厌世的人，后来渐渐发现，热爱生活，不计回报地去爱他人，把期望值降到最低，往往会有意外的惊喜。要不你也试试？”后来便没了她的音信，直到今年五月，她突然发来私信，说谢谢我的正能量，她走出了那段阴郁的岁月，并且找到了疼爱自己的人。

其实，我并不觉得自己的话起到了多大作用，却真心为她高兴。更多的人需要的不是说教，而是借助微博这个平台，把心中的苦水倾诉给一个素不相识的人听。如果得到一些正能量，给自己建立一些勇气，那么，这个世界就会显得美好一些。

有人会说，把期望值降得很低，人生岂不是过于消极、过于悲观？不是这样的，恰恰是这种悲观的心情才能让你乐观地面对各种挫折。为什么会觉得世界对不起你？是你过于挑剔，想要的太多。人均消费二十八元的路边饭馆凭什么要有五星级的服务标准？五十块包夜附赠摩托车接送的凭什么要长得像宋慧乔？一个PPT半个月拿不出手，老板凭什么要给你加薪升职？五环外半个厨房都买不起凭什么要女人陪你睡到天荒地老？一米五的水桶腰凭什么要男人待你如林志玲？告诉我，你凭什么？

生存于这个守恒的空间，想要这个世界对得起你，先问问你自己为这个世界付出了什么。**对待爱情也是如此，多一点儿付出，少一点儿算计，不去奢望那么多波澜壮阔，也不要那么多刻骨铭心，只是相互怀着感恩的心走过人生路，尽可能走远一点儿。**再回首时，你会发现，这个世界，还算对得起你。

---

[1] 网络用语，“滚出”的谐音。

THE TRUTH
ABOUT MEN

男女在吵架过程中关注的重点不同。男人注重事实，女人只看态度。如果男人不停地讲事实、摆道理，你感觉自己落了下风怎么办？很简单，说一句“即使有理你也不要那么凶嘛”你就赢了。所以一般吵架吵到最后都要由女人来做总结发言，只是有些蠢男人一辈子都不懂。

男人真相

Chapter_5

男人最吃这一套

_ 女人要哄，男人要捧

_ 女人爱哭，男人怕输

_ 正确的聊天法则

_ 正确的吵架方式

_ 备胎的逆袭

_ 男人近视眼，心机看不穿

_ 男人都爱女汉子

_ 舌尖上的男人心

_ 我有病，你有药

01.

女人要哄，男人要捧

参加过一次很特别的画展，特别之处不是作品，而是画家的妻子。她耐心地向观众讲述自己对每一幅作品的理解，绘声绘色，倾慕之情溢于言表。有位年轻的观众对她说：“您的先生真了不起。”女人回答：“当然，我很崇拜他，我认为他就是中国的毕加索！”

这种恭维在外人听来不免油腻，然而当事人却十分受用，我至今还记得画家当时那种陶醉、自豪、幸福感爆棚的神情。你猜对了，男人最希望在女人那里得到的，就是崇拜和仰慕，这种快感绝不亚于性高潮。

女人要哄，男人要捧。到底要怎么捧，可不仅仅是你嘴上挂着“你好帅”就万事大吉了。关于美貌和外在的夸赞，只能适用于金城武式的老公。如果你男人不那么帅又有啤酒肚，千万不能自掘坟墓，说不准他真的会反问你：“我和男神谁更帅？”更可怕的是，他会认为自己风流倜傥万人迷，能够吸引的不仅仅是你。很简单，“老公你最棒了”简直可以秒杀一切，而且每天都说绝不会假。其套路是，不帅的夸活儿好，活儿不好的夸有钱，有钱活儿差的装高潮夸内涵，不帅活儿不好又没钱什么都不好的，就让他夸你吧！

男人很累，睡醒了第二天一样要在外面的世界打拼，会遭遇诸多不认同，他多么希望有个女人体恤他、赞美他，甚至崇拜他。当然，中国人的表达方式历来都很含蓄，有人会觉得赞美的话难说出口。其实不难，你只要抓住某些细节表扬就可以了，比如“这个发型很显年轻”“穿这款衣服很有气质”。更高段位的表达是“宝贝，你的鼻子好像吴彦祖”“你笑起来简直神似周润发”……这时候，男人会觉得你在很细致地观察他，这是爱的表现。

另外，有个真相你需要知道，男人都觉得自己比女人聪明。先不要急着，呵呵，也不要急着说男人妄自尊大，在生活中适当地表现出比自己的男人傻，会有意想不到的功效。装傻卖萌扮天真，活在他的手掌心。一个不谙世事傻乎乎的女人才可以激起男人的保护欲。你洞察一切，样样精通，男人就只好去保护别人了。所以，当他向你炫耀成绩时，哪怕你心里很不屑，也要用心去倾听，然后由衷地说一句："宝贝，你好棒。"另外，即使他讲了一个你五年前就听过的冷笑话，你也要发自内心地哈哈哈哈，千万不能说"你讲得不好笑，听我的"。

说了这么多，并不是要女人毫无底线地去奉承迎合男人。聪明的女人我见过很多，无一例外都很会夸人。她们总能找准合适的时机赞美男人，哪怕是违心的。当然，有人会认为这样很假。告诉你，以我的见闻，能昧着良心赞美男人的女人都过上了幸福的生活，真的。

记住，好孩子是夸出来的，好男人也是夸出来的。不要吝啬赞美的话，男人才会为你当牛做马。

02.

女人爱哭，男人怕输

我的朋友里唯一可以称作男神的就是罗乐，江湖人称海淀李敏镐。俊朗的外表注定了他这辈子只可能缺钱，不可能缺女人。连在微博上发个照片，都有很多陌生花痴少女在评论里哭喊着“楼主，我要给你生孩子”，现实生活中就更不用说了，真是气煞旁人。

事情发生在2012年的第一场雪。罗乐的公司在上海有个合作项目，派他前去负责，接待方的几个单身女生都把这次活动当成了年终福利，高兴得差点儿给老板下跪。其中有个身材短粗的大脸眼镜妹格外殷勤，鞍前马后地伺候。

没过几天就曝出了惊天大八卦，罗乐在酒吧喝大了把眼镜妹带回了酒店。眼镜妹对这种突如其来的幸福明显有点儿错愕，恨不得把这事打印出来贴满上海滩的大街小巷。当然，身边那几个小伙伴也很错愕，恨不得凑钱把她做掉。

如果故事就这样结束，那就只是俗套的酒后乱性而已。NO，男神是不会令你失望的。半个月后，罗乐又去了上海，这次不是公干，是专程去的，又找了大脸眼镜妹，对的，滚了床单。少女的情怀彻底迷乱了，眼前这位高大俊美的男神莫不是真的爱上了自己？金三顺的故事真的在自己身上重演了吗？苍天哪，幸福来得好突然。

各位观众，现实中的金三顺没有春天，罗乐从上海回来后就再也没和眼镜妹联系过。电话、信息一律不回。你们知道，像笔者这么八卦的人怎么能忍住不知道真相呢？赶紧去问，因为第一次，我是能理解的，第二次，估计很多人都不能理解。男神的回答令我至今依然叹服："第一次喝多了没发挥好，不到五分钟就缴枪了。第二次是为了荣！誉！而！战！"

您瞧，男人为了面子竟然到了如此丧心病狂的地步。没错，其实大多数男人都在为面子活着。"人在阵地在""输人不输阵"，这些句子都是为男人设计的。为了面子，男人可以做出很多让人意想不到的事来。

分明囊中羞涩，却强撑着带女朋友去高档餐厅，结果下半个月的生活费没了着落；明明酒量有限，却在酒局上和人斗狠，还一定要等没人的时候再吐得像狗一样……如此种种，不胜枚举。你理解成虚荣也好，看作虚伪也罢，总之，死要面子活受罪的事，每个男人都干过。

知道了这些，其实更有利于你去驾驭男人这种低等生物，不是吗？所以，在他向朋友吹嘘的时候，不要当面拆穿，当知道他信用卡快透支的时候，果断放下商场里的衣服，说其实自己也不太喜欢。哦，对了，差点儿忘了更重要的，在他微微不举、既羞涩又紧张的时候，把“你到底行不行啊”换成“亲爱的，明天再疼我吧”。

亲爱的女同胞们，

想让男人卖力为你赚钱吗？

想让男人在各种证上都写上你的名字吗？

想牢牢掌握他的银行账户吗？

请尽量照顾他的脸面，有些事不要拆穿，会有意想不到的惊喜哟。

03.

正确的聊天法则

请跟我念：世界上没有不爱说话的男人，他只是不想和你说罢了。

很多人抱怨男朋友太闷，三棍子打不出一个屁。其实在我看来，男人在自己擅长的领域都是演说家，无论话题多么生僻，都能侃侃而谈。只是男女关注的东西有着本质上的不同，男人关心的是俄罗斯和美国的关系再度降到冰点会对国际形势带来什么影响，而女人会觉得哇塞普京发飙的样子好爷们儿。当男人发现你对他的话题毫无兴趣时，沉默寡言是最无可奈何的选择。

正确的聊天法则是什么？

首先，做一个知识渊博的女人当然很好，只是在感情中未必能起多大作用。渊博的女人会让男人产生敬畏感，却很难联系到爱情。尤其是那种对万事万物都抱有自己的看法，并且有极强表达欲望的女人，男人多数会敬而远之。

所以，你不必搞清楚航空母舰上飞机的起降方式，也无须知道在薛定谔定律下，猫到底是死是活。当男人在你面前眉飞色舞的时候，做出一副“虽然不知道你说什么但是感觉你很厉害”的样子就可以了。他只是需要一个表现的舞台，如果你实在接不上话，那就偶尔来一句“把猫咪放在有毒气的盒子里好可怜呀，会很难过的吧”，他不仅觉得你有爱心，还很萌呢。

每逢世界杯，很多女生就会陷入尴尬的境地，陪男人看球还是不看？这是个问题。看吧，自己对那种打群架似的游戏根本毫无兴趣，男人滔滔不绝地讲述帽子戏法、点球、越位以及喜欢的球队，但自己根本不懂怎么办？其实你根本无须去恶补这些知识，只要给他们一些鼓励的眼神，微笑着点点头，做个合格的倾听者就够了。或者干脆给他准备一些炸鸡啤酒，自己呼呼睡大觉去也是极好的。很不能理解男人的这种快感是吗？设想一下，他把信用卡交给你，让你和闺密去逛街，这两种爽，是一样的。

接下来我要说至关重要的一点，如果没有深厚的感情基础，不要轻易吐槽男人。比如他加了半级薪水，欢天喜地地向你炫耀，你说："呵呵，那什么时候买得起房子呢？"比如他往你碗里夹菜，你说："呵呵，想把我喂胖了好甩是吗？"再比如他心血来潮夸你穿某件衣服好看，你说："呵呵，我穿其他衣服很难看是吗？"

以上种种都是很危险的，**吐槽只适合于网络，用在现实生活中往往会大煞风景，并且伤人。**

男人不会聊天的主要表现是蠢，比如你说"哎呀不能再吃晚饭啦，最近又胖了"，他说"没关系，其实我刚认识你的时候你就很胖了"。你对着镜子说"为什么老娘长了一张大众脸"，他说"这样也不错啊，杀了人逃跑不太容易被认出来"……面对诸如此类让你想放火的话，除了每天原谅他一百次，没有更好的办法。

聊天是增进感情的一种方式，可我不得不说，男人从根本上希望女人少说多做。要知道，最让男人起杀心的不是女人懒惰、爱花钱，也不是饭量大、脾气坏，而是话多。我爸是我见过的为数不多步入中老年还会不定期给老婆送礼物的男人，有一次我忍不住去问他，他说："我只是为了让你妈少唠叨两句。"

男女都有玻璃心，当面吐槽最伤人。人生艰难已如此，少说两句行不行。

04.
正确的吵架方式

有一次和几个朋友讨论哪里的女孩性子最烈，有人说湖南，有人说四川，各有所长，难分高下。这时，邻桌一个金链汉子凑过来说："见识过俺们东北姑娘不？咔咔整你服服的。有回在饭馆和女朋友吵架，吵急眼了我说'你别嘚瑟，你身上的衣服都是我买的'！艾玛[1]，她听完二话没说，脱得只剩下裤衩胸罩，头也不回地走了。"

这是女侠专属的吵架方式，不是你我凡人可以做到的。

我见过很多夫妇，时常争吵，却能相濡以沫，白头到老。作为一个酷爱学习的小朋友，我发现了其中的奥妙，他们是把吵架当成一种运动，就像跑步、游泳，合理利用不仅无害，还有利于身心健康。所以说，有爱情的地方就有争吵，吵架是爱情必不可少的组成部分。

你会吵架吗？回答一定是会，有人还会说自己活了二十几年最擅长的就是吵架。其实吵架也有高下之分。前面提到过，男人会用故意犯错、撒谎来试探你的底线，如果你反应激烈，他就会知道这是不行的，如果你没有生气，他就知道自己还可以再错一点儿。所以吵架是大有必要的，高明的女人会巧妙地把握吵架的分寸以及生气的程度，收放自如。一哭二闹三上吊，那是旧社会妇女的套路，连广场舞大妈都不用了。

对方说了过头的话，比如吐槽你胸小、饭量大，这种事毫无生气的必要，只要娇嗔几句就够了，“讨厌”“胸小的女人脑子好啊”“人家真的很饿嘛”。如果因为这个也能吵起来，那你就太玻璃心了。

遇到男人在大街上盯着别人的大胸美腿看起来没够，是要假装生气的。如果你无动于衷，证明你并不在乎这段感情，时间久了男人就会动出轨的歪心，要及时地把苗头扼杀在摇篮里。正确的方法是不高兴两个小时，和解方式是吃顿好的，再卿卿我我一番。

适合吵架的事，比如男人当众给你难堪，或者把你扔在陌生的地方扬长而去，这种问题相对比较严重，要有理有据地把对方的气焰压下去。适当的时候要配合哭闹，总之要适可而止，见好就收。和解的办法是要对方真心道歉并且送一个价值不菲的礼物，仅仅因为这个闹分手，不值得。当然，如果遭遇劈腿这种涉及“主权”问题的大事，那就要毫不客气地闹它个天翻地覆，闹完之后再找小三算账，但要注意的是不能使用武器伤人，或者把房子点着。

男女在吵架过程中关注的重点不同。男人注重事实，女人只看态度。如果男人不停地讲事实、摆道理，你感觉自己落了下风怎么办？很简单，说一句“即使有理你也不要那么凶嘛”你就赢了。所以一般吵架吵到最后都要由女人来做总结发言，只是有些蠢男人一辈子都不懂。

总之，吵架的精髓在于一定要当天吵完，吵到再晚也要把问题解决，从此绝不提及。翻旧账是爱情中的大忌，无论男女都不要使用。另外，千万不要生闷气，也不要拖着不说，矛盾积累越多越说不清楚，等到有一天彼此都不想说了，路，也就走到尽头了。

吵架其实并不可怕，无谓的争吵才是杀死爱情的利器，学会正确吵架，就是人生的赢家。我见过最有意思的吵架是一对情侣在路边不知为什么吵起来，女孩发脾气甩包走了，冲出去不远脚步慢下来，走几步就回头看。那男的也不着急，捡起包在后面慢慢走。路过一个煎饼摊，男的停了下来，对着女孩大声喊："你要加几个鸡蛋？"不远处回答："俩……"

[1] 网络用语，"哎呀，妈呀"的意思。

05.

备胎的逆袭

有个女性朋友最近向我倾诉苦恼，原因是她的备胎出了问题。作为一名燕公子心机婊速成班的学员，自以为已经熟练掌握了备胎的各种使用攻略，那怎么会出问题呢？很简单，备胎不按套路出牌。

事情是这样的，原本不是最佳交往对象，一如既往地对你付出，被你当成长期免费饭票、免费农民工、免费修理工，甚至感情垃圾桶和情绪回收站。当你对这一切习以为常的时候，在某一个阳光明媚的下午，他突然对你冷淡了下来，开始拒绝你的种种要求，甚至让你看到他要拜倒在其他石榴裙下的小苗头。这时候你开始无所适从，原本那些让你不满意的缺陷，比如身材不够魁伟、样貌不够俊秀，通通变得不那么突出了。更可怕的是，你发现自己对他产生了某种依赖，又不敢确定这是不是爱情。委身于他？似乎不太甘心。可一想到他要像对自己那样去对待另一个女生，有点儿吃醋是怎么回事？哎呀大事不好，这就是备胎的逆袭。

科学松鼠会里有人总结过一套“巴甫洛夫把妹法”，具体的实施办法是每天给心仪的女生精心准备一份早餐，并且保持缄默不语，无论怎么问都不说话，如此坚持一到两个月。当女孩对你准时的早餐习以为常时，突然停止送餐。这时候女孩肯定会来询问你不再送早餐的缘由，你就趁机一鼓作气将其拿下。这个法则利用了人对习惯的依赖性，属于慢火熬煮、步步为营。我这位朋友的备胎，一定是受了这个理论的启发。

我可以负责任地告诉你，没有男人是心甘情愿一直充当备胎的，偶像剧里“十年后若你未嫁我未娶咱们就在一起”的游戏，一般都是男人先不想玩了。愿意为阿紫付出双眼的游坦之和愿意把心捧给纳斯金卡的幻想家只存在于小说里，现实生活中的男人，对你所有的好，终极目的无非是得到你的青睐。富有心机的女生一般都会定期地给备胎一些小暗示、小甜头，让他们觉得自己是有机会的。可是你别忘了，男人在本质上是肉食动物，如果你一直给他画饼充饥，他自然会去寻觅其他食物。

女人终究是爱幻想的，总是觉得会有个男人即使不和自己上床也能矢志不渝地沉浸在对自己的爱情之中，而现实中却总是自己的防线先崩溃，让备胎逆袭成功，顺利上位。自古烈女怕缠郎，说的就是这个道理。然而这种爱情的结果往往不尽如人意，很多女人都不能理解为什么男人追求自己的时候各种讨好，在一起之后就开始各种试探、出尔反尔，你态度一冷下来他们就马上求挽回，而你态度稍有缓和他们又表现得若无其事。这就是备胎上位的危险之处。记住，那些给你下过跪、舔过脚的男人，报复起来更加可怕。要知道，翻身的奴隶，总是很快学会变本加厉。

对于备胎，最理想的结局就是放开手让彼此去寻找一份平等的爱情。当然，也并非每个人都能够做到不忘初心，不去贪图那份本不应该得到的好，如果是这样，**防止备胎逆袭的方法，就是多预备几个备胎。**

06.

男人近视眼，心机看不穿

女同胞们，你看到胖嘟嘟的小朋友就想过去捏他们的脸对不对？看到弱弱的小动物就有把它们抱回家的冲动对不对？你不会觉得它们危险，也不会觉得它们会伤害你。那么，你应该可以理解为什么男人都喜欢外表清纯的碧池了吧？

这个群体就是这样，从表面看来人畜无害，她们温柔美丽并且弱小，生来就需要男人的保护。什么？她们有心机，会算计男人？你够了，以男人在感情中的智力和目光，根本发现不了也不会在意这个。

我知道，很多女生都是碧池鉴定专家，她们的眼睛像灵敏的雷达，可以通过说话的语气和动作准确探测到周边的碧池，毕竟女人之所以了解女人，是为了更好地为难女人。知己知彼，百战百胜嘛。很遗憾，男人的目光太短，也没有雷达，只能看到女人的美貌却看不到内在。所以我真心地劝你，不要在男人面前说另一个女人是碧池，也不要企图告诉他们她们伪善的面具下到底隐藏着什么，他们会认为你在嫉妒。

那么有人会问，男人不怕被骗被坑吗？当然怕，只是一定要等到老婆闹离婚了，钱被骗跑了，被“绿茶”把帽子染绿了，才会大彻大悟，还要在KTV里高呼“男人哭吧哭吧不是罪”。痛定思痛，从这个坑里爬出来，再跳进另外一个坑。

既然男人都是这样蠢笨并且固执，要么随他们去，要么就像碧池一样去征服他们。怎么征服？首先要学会发嗲。先来熟悉一些句式：

不是啦，人家才不是你想的那样呢。

你不可以这样了，我不允许你这么对待自己，听话，不要买醉了好不好?

好讨厌哦。

会不会打扰到你？可是我家里的灯泡又不争气坏掉了

呢，我还没有来得及吃饭。

哇，你觉得这个包包好不好看啊？上次那个男的要送我，我才不要呢，要我喜欢的人送我才有意义，你说呢？

快吐了是不是？可男人最吃这一套。

知道碧池有多努力吗？当目标中的男人出现时，她们步伐轻盈，身姿婀娜，兼有拨动秀发等动作（具体演出标准请参考高圆圆代言某饮料、张韶涵代言某少女卫生巾那种清新自然）。她们会故意跟身边的朋友嬉闹，笑声使劲儿向“银铃般”看齐，捂嘴，暗送秋波，真是恨不得打束几千瓦聚光灯在身上好叫他忽略全世界只看到自己。

在男人面前，外表清纯的碧池都是温驯的小白兔，她们不会逞强，只会示弱。善解人意是她们征服男人的另一种武器。打个比方，当你一不小心揭穿了男人的心思时，只会在脑海里闪现出“我靠，老娘好机智，说得他都接不了话”。碧池们则会一脸贴心地大喊“啊，都怪我口无遮拦，说出这么不经过大脑的话，别怪我哦，谁叫我是女人呢”。如此一来，再小肚鸡肠的男人也不会生气了。

你以为她们真的相信星座心语、心灵鸡汤、爱情语录吗？那是做给男人看的呀。让他们觉得自己很傻很天真，激发起无限的保护欲。这是只会在网上转段子的人毕生无法体会到的一种境界，叫作心机了无痕。另外，当男人说“我宁可卖血也不会让自己的女人出去做一份受苦的工作”，她们会感动得热泪盈眶，楚楚动人地来一个深吻。而女汉子只会说：“我就算死也不会花你的钱。”

其实碧池最值得让人学习的，就是对自己有要求，她们会把自己最好的一面展现给男人。在我看来，对自己有要求的人，都会得到更多的好感与尊重。**活得精致优雅还是草率邋遢，完全是个人选择，与别人无关。只是如果你放任自己胖到一百八十斤，出门连头都不愿意洗，就不要抱怨男人被碧池抢走，这也是世间法则，要接受。**

总有人说男人都喜欢爱装的女生，其实是错的。温柔天真、又甜又嗲的女孩，男人当然更愿意亲近她们。即使有心机，也能做到不显山露水。装×的最高境界是自然，一旦装得不成功，就会像小丑一样引来嘲笑和羞辱。对于天生演技差的人来说，就不要学做碧池了，本色出镜比较保险。

07.

男人都爱女汉子

笔者没有精神错乱，是的，当下广大未婚男性，大多数喜欢女汉子。

那些饭量惊人，喜欢自称“老子”，路见不平一声吼、稍微控制不住就要露出隐形小鸡鸡的姑娘们不要高兴得太早，这里所指的女汉子不是你们。

最近流行一种坏风气，很多女生会主动为自己贴上“女汉子”的标签，似乎这样一来就给自己的不修边幅找到了理由。就像屌丝活出了一种优越感，把出门不洗头当成素面朝天，把任由体重飙到一百八十斤当成真实的自我，把没教养当成真性情，遇到甜嗲的软妹子就斥其为绿茶婊，然后骂天下男人都瞎了狗眼，为什么不爱自己。重申一遍，这样的人不是女汉子，是男人婆。

如果拉起一支男人婆的队伍，索马里海盗早就灭了，钓鱼岛也顺利收复了，就连失联航班没准都能找到。她们的征途如星辰大海，她们的世界里没有男人，因为都被吓跑了。当然，男人婆们会说贱男人不懂得欣赏她们那种独特的美，那么请先回去问问你妈妈，她老人家觉得这样的你美不美。再看看你们家的狗，在你“真性情”发作的时候，它是不是也躲得远远的？

男人喜欢的女汉子是什么样的？答曰：外表柔弱，内心强大。女人的天性是柔软不是坚硬，所以外貌特征最好不要有男子气。人们都在说这个世界是看脸的，男人对美貌的倾慕不用避讳，然而中看不中用的花瓶和温柔体贴又能与男人一起扛事的女汉子比起来，成熟的男人更愿意选择后者。柔弱和脆弱有着本质的区别，看看林黛玉和薛宝钗就知道，一个愁肠满腹伤春悲秋，看到几片落花都能吐半斤血，另一个豁达乐观，善于利用各种条件来完善自己的人生，这样的两种人存在于现实生活当中，林黛玉一样拼不过薛宝钗。

男人养家女人生育的时代早已过去，男人看重女人的外表，同时也希望她们拥有强大的小宇宙，和自己一样能够抵抗各种压力，两人共同营造未来，这就是女汉子大受欢迎的主要原因。积极乐观、内心强大的人，总是能带来更多的正能量，相反，悲观消极、情绪不稳定的人也很容易影响到别人。你一定认识这样的女生，敏感脆弱，优柔寡断，遇到一点儿挫折就觉得人生幻灭了，失个恋就觉得天都要塌了，披头散发大半夜来找你求安慰。经常和她们在一起，不知不觉你也成了那种人。真的有那么疼吗？真的就活不成了吗？你是不是在有些瞬间也想弄死她们？你看，负面情绪随时爆棚的人，别说男人了，就连女人也讨厌。说得自私一点儿，男人希望女人有很强的自我修复能力，就算失恋也可以坚强地咬牙走开。我曾经说过，男人都是怕麻烦的，女汉子最大的优点就是不给别人添麻烦。

女汉子对待爱情，既不咄咄逼人，也不会自卑恐惧，她们真正能做到和男人平等。接受对方的礼物，自己也有送对方礼物的能力，彼此都有存在感和归属感。在一起很好，不在一起了自己也会很好，这种状态往往更容易赢得男人的心。所以据我观察，真正的女汉子是不会缺少爱的。

总而言之，**女汉子的特征不是野蛮的外表，而是坚强的内心。**怕受到伤害，所以用坚硬的外壳武装自己，说到底依然是脆弱的表现。不敢让别人看到你的真心，谁又会用真心待你？女人征服男人靠的是韧性，电影电视里有太多柔情似水内心刚强的女子令男人欲罢不能。当然，像野蛮女友那样的女王也是存在的，你拿着皮鞭，男人俯首帖耳，前提是，你要有全智贤一般的颜。

08.

舌尖上的男人心

阿雯是个对自己有要求的女孩子，认真工作，认真对待爱情。妈妈告诉她，要拴住一个男人，首先要拴住他的胃。阿雯相信了，定期收看美食节目，还买回来一堆书籍按图索骥，从选材到配料，整个烹制过程都严格遵守操作流程。

咦？总觉得哪里不对。当一盘饱含心血的菜肴端到男人面前时，对方茫然的神色似乎在问："这个真的可以吃吗？"妈蛋，老娘忙了一个下午，切菜的时候还把手切了，这就是一盘毒药你也要慷慨赴死不是吗？男人面目狰狞地吃着，心里一定在想：我为什么要吃毒药？

结果往往与付出的时间精力无关。一片真心无法改变一盘菜的味道，难吃就是难吃。有一天阿雯突然跑来对我说："为什么非要用自己不擅长的事来表达爱意呢？踮起脚去爱真的好辛苦，我烧的鱼，连猫都不愿意吃呢。"我真心喝彩，恭喜这个开了窍的女孩。

电影里经常有这样的画面，一段早已不在的恋情，胃却记录着每一个细节，在街角的鱼蛋米线摊偶遇；第一个情人节在烛影摇曳下享用法式牛排；吵完架后男人追出来，在蒙蒙细雨中找到记忆中的蚵仔煎……多么美好而又令人伤感，其实吃什么不重要，重要的是和谁一起。

当然，一个女人有几样拿得出手的菜肴是很美妙的事，不一定是伺候别人，也是善待自己。无须面面俱到，一煲简单的煨汤也能传达出浓浓的爱意。味觉的依赖比激情碰撞更持久、更可靠，不止一个男人描述过，已经记不得对方的模样，却还清晰地记得她煲的汤的味道。

如果你注定只能停留在暗黑料理界，那一定要了解男人的口味。男人总是会固执地把自己喜欢吃的东西推荐给爱人。从前有个故事说男人喜欢吃臭豆腐，不仅自己喜欢，还要逼着老婆一起享用，不吃就要打。女人怕挨打只得硬着头皮吃了一块，随即吐得翻江倒海送往医院抢救，一个月后回家已经不成人形。男人说：“从今天起，批准你可以不吃臭豆腐。”邻居们听到都感动哭了。现今社会这样的男人已经不多，面对男人极力举荐的食物，千万不要表现出鄙视和不屑，如果实在无法接受，一定要礼貌地说出来，微笑着看他享用，偶尔倒倒茶、递张纸巾也是知冷暖的表现。

都说男人心目中最理想的女人是上得厅堂，下得厨房，其实做饭对于女人来说是热爱生活的一种表现。当然，爱一个人才会为他做饭，舌尖连着的是心灵，这是一条感情通道。然而靠一桌饭菜拴住男人的论调毕竟过时了，女人在厨房里出演主角，也是另一种性感和独立。所以当会做饭和不会做饭的两个女人同时出现时，男人会果断选择胸比较大的那个。

09.

我有病，你有药

这个世界上有两种稀有动物是值得珍惜的。一种是有耐心哄你的男人，一种是能够收放自如控制自己情绪的女人。

前者是疯女人和作女的必备，后者是大男子主义患者的良药。我们都愿意在感情中做强者，谁又肯卑躬屈膝弯下身来？说到底，包容，不是天生，不是本能，是爱。这两种稀有生物在自然生长中往往不存在，我更没听说过哪个男人天生喜欢哄人，哪个女人从来不生气。但是，在爱情的催化下，这两种人，也是有可能出现的。

当所有的女人都在抱怨男人没有耐心的时候，也有大批男同胞在苦恼到底女人要怎样才能迅速地破涕为笑。在女人看来，自己生气时男人要变成《大话西游》中的唐三藏，苦口婆心地劝个没完。而对于男人来说，他们希望女人的情绪能够像红绿灯一样，三十秒钟红灯，时间一到马上可以变绿灯。其实，男人在对待感情时的思维和狗一样简单，以为摇摇尾巴主人就不生气了。

当对一件事情有了分歧，出现矛盾或者是犯了个无关紧要的错误，男人会自负地以为只要对女人讲讲道理，就会有立竿见影的效果，一番慷慨陈词，药到病除。他们希望女人身上有控制情绪的开关，即使没有，也希望女人有快速愈合的能力。

于是，当男人的单线思维遭遇女人曲线跳跃式的思维时，他们只有挠头皮，毫无对策。久而久之也只好坐在沙发上抽烟叹气，又或者继续看电视玩网游，任你坐在床上耗费五百年修行，自己痊愈。当然，他们也会时不时地探出脑袋看看，问你："还生气哪？"如果你已经自己用内功将"气"逼出体外，那简直是他们最想要的，这意味着涛声依旧，意味着可以欢天喜地地继续滚床单。

这时候女人会说，想得美，哪有这样便宜的事？有定时开关的是全自动洗衣机，洗好了叫你；会自己痊愈的是X战警。是啊，男人就是这么异想天开，巴不得女人自己生完气之后披头散发地坐在床上叫他“唉，我好了，不气了，你来吧”。

所以，相互中和才能理气化瘀。男人希望你生气时是直飞航班，中途不停，直接从北京飞到广州，简单迅速，省事。而如果你真的是一趟五天四夜的慢车，生气时大站小站停个没完，硬要把行程拉长，变成曲线，也要尝试着提速。当然，你一定要让他知道，“我已经在改变了，你可不可以不要那么着急，等等我”。

而最可怕的是，遇到这种内心无法解开的谜团时，你会被某些蠢货言论蛊惑，最终走向感情破裂的死路。比如，“男朋友没耐心哄我，那就一定是不爱我”，相反，“女朋友怎么哄都哄不好，一定是作、轴，不能娶”。这种想法一旦出现，接下来的套路一般是：“你很有钱吗？是李嘉诚吗？没耐心还穷横。”而男人会想：“你很美吗？是范冰冰吗？长得丑还公主病。”于是，男人本来是飞机，变成了火箭；而你，本来是慢车，变成了驴。

坦率地说，恋爱中的人都是有病的，都希望在对方身上找到医治的良药，这就是所谓的互补。**天造地设的CP[1]只存在于童话世界里，王子吻醒了白雪公主，在以后的生活中也难保不出现问题。相反，那些看起来性格截然不同的伴侣反而能够相互治愈，走得更加长远，**正所谓：

我有病，你有药，冷静治吵闹，木讷治话痨，简单粗暴治傲娇。

---

[1] 英文coupling的缩写，表示人物配对关系。最初来源于日本同人圈，后来也指异性恋人。

THE TRUTH
ABOUT MEN

通常男人和一个女人确立了关系，就好像用图章给女人打上了印记，上面写着“我的女人”。从这时候起，他便不再像追求你时那样费尽心思讨好，不再嘘寒问暖、早请示晚汇报，有时候甚至会无视你的存在。

Chapter_6

疑“男”杂症专区

01.

不作死就不会死

问：男朋友跟我吵架后，去哥们儿那儿抱怨。他哥们儿问他为啥不分手，男朋友说目前没有更好的选择，怕下一个还不如这个。我想问下这是真心话，还是要面子的气话？平时我是作了一点儿，有时候会无理取闹，可他对我挺好的。现在好苦恼啊……特别伤心，好怕失去他。

答：用一句网络上流行的话来形容你再恰当不过了：不作死就不会死。知音体故事但凡遇到转折的地方都是“他们本来可以幸福地在一起，但是天有不测风云……”这个“不测风云”是你自己制造的，不能怪老天爷。

我不是反对女生作，作要恰到好处，要透着可爱，稍微使劲儿就会变成折腾男人。当下社会，男人已经活得够糟心的了，面对各种压力，回家对你说话还要小心翼翼，要忍受你的无理取闹，你就是长成千颂伊那个模样男人迟早也会逃跑。正常男人期待的都是良性、健康的爱情，没有人愿意把爱情变成爬雪山、过草地，那样太累了。我早就说过，作天作地的女生过上幸福的生活，背后都有一个你们看不见的男人在默默埋单。你现在的问题是男人受够了，不打算继续埋单了，所以你傻眼了，顿时觉得自己像个小丑。

按照我的本意，其实应该祝贺你男朋友，终于可以脱离苦海了，不过这样对于你来说有点儿落井下石。“早知今日，何必当初”，古人的话永远闪闪发光。当然，你也可以理解成是男人不够爱你，如果是这样的话，你可以把这篇文章撕下来扔进垃圾桶里。好的爱情是彼此成为对方的避风港，一方无休止地卑躬屈膝，那不是爱情，是拜菩萨。

既然你问到你男朋友对哥们儿说的是不是真心话，那么我很遗憾地告诉你，男人的真心话大部分会告诉哥们儿。说到这里可能又会绕到“兄弟如手足，女人如衣服”这个话题上去了。事实上，男人更能体谅男人的苦衷，很多苦水也只能对男人倾诉，就跟你有些小秘密不会告诉男朋友却会说给闺密听是一样的。

现在他即使依然和你在一起，恐怕也是抱着骑驴找马的心态，正如他自己所说，没有遇见更合适的。关键你要听后半句，怕下一任还不如你，这就证明还有回旋的余地。要知道，重起炉灶开始一段新感情，对于很多男人来说是很麻烦的事。好不容易熟悉了你的套路，又要重新去摸索另一个套路。怕的是东边的老虎吃人，西边的老虎也吃人，没有最作，只有更作。

怎么办？**收起那份作天作地的心，让他看到你的改变，温柔体贴是女人的天性，不用怎么学就会的。如果这样一段时间还不能让他回心转意，那就像他一样，骑驴找马，这年月，谁离开谁都能活。**

02.

赔钱货没有春天

问：男朋友说得很明白，他妈妈不喜欢我，所以他再爱我也没办法。他决定听他妈妈的，我只能答应他分手。可是分手后我依旧死心塌地地帮他打理店铺，学玩LOL[1]想要靠他更近。他三番五次跟我挑明说我们不可能。现在时间过去了三个月，我依旧像义工一样帮他，依然放不下他。好大，我是不是没救了？

答：时下的脑残爱情剧里经常有这样的套路：豪门阔少爱上了贫家女子，阔少家里势利眼的老妈死活不同意。两人爱到海枯石烂冲破各种艰难险阻，最后因为女子的聪明智慧挽救了阔少的事业前途甚至生命，感动了恶婆婆，两人顺利地走到了一起，过上了幸福的生活。很明显，你中了这种剧的毒，把对方幻想成了豪门阔少，自己则成了那个像金子般闪闪发光的贫家女子。

那么我想问你，他们家有多大产业有几艘游轮几栋别墅几辆法拉利？无非是有个店铺，还要你帮着打理。妈宝男玩弄女生最初级的手段就是“我是爱你的，可我妈妈不接受你，妈妈是我生命里最重要的人，所以即使我爱你，也要放弃你”。可笑的是你不仅中招了，并且愚蠢地认为只要投其所好就能打动他。所谓自带光环的倒贴圣母说的就是你，俗称赔钱货。

你给他做一辈子义工，关他妈妈什么事？不是他不爱你，是他妈妈不喜欢你，这种话你也信？好了，退一万步讲，有天他被你的真情感化违逆母亲大人的“圣意”接受了你，要面对一个从一开始就不喜欢你的婆婆、一个对老妈言听计从的老公，你觉得日子会过得舒坦吗？为什么解放了这么多年还有人愿意做童养媳，我真的不能理解。

孔子在两千多年前就曰过，以德报怨，何以报德？意思就是说，如果想用美德去感化那些对你不好的人，那么遇到对你好的人该怎么对待呢？对待好人和坏人都用同一种方式，并不能说明你很善良，只会让人觉得你是个没有原则的糊涂蛋。

为了一棵树放弃整片森林这种话简直俗到不想说了，为了听妈妈的话放弃自己爱的人本身就是个荒谬的借口，即使不再爱你却依然接受你的倒贴，更显得猥琐不堪。或许你只是不甘心，觉得自信心受到了打击，才决定去和这块难啃的骨头死磕，何必呢？我们都是平凡的人，拥有一份世俗平顺的爱情就好了，何必去追求传奇？

一段失败的感情对于整个人生来说算不了什么，放低自己往往会失去更多。勇敢承认失败，又能重新鼓起勇气去追求的人才配得上幸福。相信我，回家洗个热水澡，明天早上起来，通街都是好男人。

---

[1] 即League of Legends，《英雄联盟》，网络上的一款电子竞技类游戏。

03.

到底要不要秀恩爱?

问: 和男朋友交往七个多月，他比我大几岁，对我不错，其间有过两次旅行。可他从来不在朋友圈发我和他的合影，发状态也从来不提起我。回忆了一下，这半年多他几乎没带我进入他的交际圈子，反倒我的朋友他都认识了。虽然我知道，秀恩爱死得快，但是看到闺密的男朋友晒甜蜜照还是很羡慕，跟他说，他明显有抵触情绪。好大，你帮我分析一下，这是什么心理?

答: 对于秀恩爱，我的看法是这样的，爱情是很私人的事，不需要太多的仪式感，拿到网络平台上炫耀，如果没有特别的目的，比如秀给前任看，只能证明这样的人之前一直很缺爱，更会招来讪笑与嘲讽。对于普罗大众而言，找到男朋友或者女朋友，并不是什么了不起的事，没有人要看他们甜蜜的剧情。有些情侣，用同样的手机密码，用有关联的图片做微博头像，穿情侣装出双入对，在饭馆吃饭都是你喂给我、我喂给你，恨不得告诉全世界他们是一对并且超级恩爱，可惜的是，他们没好多久就分手了，所以才会有那句话：秀恩爱，死得快。

另外一种就是在公共场合抱在一起乱摸乱亲的，当然这已经不仅仅是秀恩爱了，很容易让人联想到狗男女，因为有正式的配偶不能带回家，并且开不起房。

然而真正幸福的人，会觉得幸福就是一种常态。不用说矫情的话，也不必刻意去营造某些氛围，如涓涓细水安静流淌，看起来平淡无奇，其实最抵得过时光的消磨。没有可圈可点的佳话，也没有惊心动魄的传奇，在外人看来甚至有些无趣。因为幸福生活从来都不需要观众，也就不屑于去秀什么恩爱了。

你的问题恐怕不是简单的秀不秀恩爱。的确有些男人出于个人隐私意识，不愿意在社交平台上晒自己和女朋友的照片，但你男朋友给我的感觉，似乎有点儿害怕外界知道你们的关系，如果真是这样，就有点儿麻烦了。不秀恩爱可以理解，雪藏你就不能理解了。不带你进入自己的社交圈，只能说明他可能还有另一个正式的女朋友，或者你只是个备胎。更可怕的是他根本就是个已婚男人，你很不幸地成了他的地下情人。

所谓皮裤套棉裤，必定有缘故。想要求证这一点并不难，要求他带你多见见他的朋友，或者直接要求见父母，自然就水落石出了。如果排除了以上这些可能性，至于这个男人爱不爱你，我想你自己心里应该是清楚的，不用跑来问我，也不必用在朋友圈晒照片这种庸俗的仪式性的东西来证明。当然，如果用比较阴暗的心理来分析的话，男人从来不在朋友圈晒甜蜜照，闭口不提自己的女朋友，当然是贼心不死啦。

04.

没有性的爱情，只能算交情

问：我男朋友高大帅气，为人也不错，可惜在床上表现很差，我很苦恼！我俩三个多月没有做过了，刚刚我们洗完澡，我衣服都脱了，他居然一点儿反应都没有，心情好差，我应该怎么办?

答：看到这个问题，我自动脑补出电影《非诚勿扰》中的一个画面。

秦奋："那你认为多长时间亲热一回算是不频繁啊？"

相亲者："这是我的理想。"

秦奋："你说。"

相亲者伸出一根手指。

秦奋："一个月一次？"

相亲者："一年一次。你要是同意了，咱们再接着往下接触。"

秦奋："我不同意，我明白你丈夫为什么不回家了，咱俩要是结婚了，你也找不着我住哪儿。可惜了。"

相亲者："那事儿就那么有意思吗？"

秦奋："有啊！"

你遇到的难题和剧情中是一样的，只不过角色调换了一下，你想要，而他不想要。首先明确个人态度，我是个庸俗且低级趣味的人，不能理解一切柏拉图式的爱情，我认为，没有性的爱情，只能叫作交情。

这的确是个尴尬而又实际的问题。曾经有个女同事也向我抱怨过，遇到一个男生，品貌俱佳，事业有成，简直是最理想的结婚对象，可上床后才发现男生那方面不行。盼着有点儿起色，可之后的一两个月对方基本不想这事，再来还是如此，甚至有每况愈下的趋势。怎么办？为了爱情放弃性福，心甘情愿守半辈子活寡？这对于每一个妙龄少女来说不亚于五雷轰顶。最后还是不得已忍痛割爱，还君明珠了。

现实打败爱情的例子简直数不胜数。很多事情勉强不来，也不是靠一时的意气用事可以解决的。很多人认为只要足够爱就能忽略其他一切，这是多么幼稚和愚蠢的想法。毕竟你所面对的，是恋爱生活中最为实际的问题。比较善良的姑娘会选择用另外的借口提出分手，比如自己喜欢上了另一个更有钱、更有实力的男人，不惜让对方觉得自己是个人品低下、爱慕虚荣的碧池，因为男人在床上不行这件事实在难以启齿，说出来也实在太伤人。

请原谅我不能给你一个标准答案，你也不需要我给出什么答案。如果实在无法忍受，我只能说幸好你现在的角色是女朋友还不是妻子，长痛不如短痛，以后再找男人一定要把这方面作为重要的考核标准。

另外我想告诉你，男人对这方面是极为敏感的，承认自己不行简直不亚于死。千万不要轻易说破，哪怕是一个让他去看医生的建议，都可能会招来仇恨。当然，如果他自己意识到这个问题主动求医，你也只能盼望着现在医学昌明，大夫妙手回春。如果能让他重整旗鼓再展雄风，那就是皆大欢喜的局面。

祝你好运。

05.
女人是男人的情商培训基地

问：好大，男人会给我花钱，也不在外面乱玩，但就是对我不够关心，三天不见面最多发几条信息，也不打电话，平时也不会关心我，不知道约会是什么，很少单独带我出去玩，到哪儿都是一帮人，实在受不了了。要分手他又来求我，要周围的朋友说好话。这是什么情况？遇到这种天生木讷的男人该怎么办？

答：我可以负责任地告诉你，你不是一个人。

很多妹子都向我抱怨过男人事业上进，为人也大方爽快，可就是缺少点儿温柔、耐心和情商，简直就像榆木疙瘩。天生木讷的男人确实是有的，就像《射雕英雄传》里的郭靖，只是你的男朋友不像郭靖那样身怀绝世武功，也没有为了一介民间女子放弃金刀驸马的尊位，才会令你心生种种不满。你说的情况是男人普遍存在的毛病，机智如燕公子一般的女人，把这种问题归纳为男人进化不完善的表现，也不无道理。

从根本上讲还是大男子主义在作祟，通常男人和一个女人确立了关系，就好像用图章给女人打上了印记，上面写着“我的女人”。从这时候起，他便不再像追求你时那样费尽心思讨好，不再嘘寒问暖、早请示晚汇报，有时候甚至会无视你的存在。在这种状况下，女人会产生一种失落感，觉得是男人得到了自己便不再珍惜，以前看月亮的时候叫人家小甜甜，现在连月亮都懒得看了。

人总是不完美的，温柔体贴情商高又舍得为你花钱的男人实在太罕见了。能满足你所有愿望的只有哆啦A梦，可惜它是男是女至今都还是个谜。都敏俊西也有口水过敏的毛病，至于那方面可不可以更是个未知数。毕竟我们都是普通人，以平常心对待可能会让感情走得更长远。

我想说遇到这种男人硬碰硬是不行的，你不给我发信息我也不理你，你不够关心我我也懒得管你，这样一来感情很快就破灭了。你要发挥女人柔弱的天性，完颜洪烈为什么愿意把王府里弄成牛家村的样子，还可以让不是自己骨肉的杨康继承王位，完全是因为被包惜弱的柔弱、痴情所征服，你看人家，名字就叫惜弱。

能和男人长久相处的女人大抵有两类，一类被动改变自己去适应男人，另一类主动出击，改变男人来适应自己。男人的情商都是女人调教出来的，所谓女人通过征服男人来征服世界，更重要的是把男人调教成自己想要的状态，所以，每个成功的女人都是男人的情商培训基地。你必须把他当成一个孩子，告诉他二人世界必不可少、适当浪漫的必要性，等等。付诸足够的耐心和时间，我相信一个爱你的男人总会有所改变。

06.

男人为什么不想结婚?

问：我挺漂亮的，也足够优秀，和男朋友相处两年多，他算是个体贴的人吧，平时花钱也蛮大方，我的各种要求他都尽量满足，我们是朋友圈里很让人羡慕的CP。最近有件事让我很困惑，因为我年纪也不算小了，今年二十五，他二十八，我妈妈希望我们赶紧结婚。可他一直都不向我求婚，几次我单方面提出他都没有正面回应。我确定他是爱我的，但是不求婚是什么心理?

答：一上来就强调自己很美很优秀，无非是想告诉我你是个很理想的结婚对象，配得上男人宠你爱你，如果男人不跟你结婚，那就是男人眼瞎。可我想的恰好相反，既然你足够美又足够优秀，也确定对方爱你，这年月谈恋爱风险系数这么高，难道他不应该赶紧把你娶回家落个心里踏实吗？万一有人来挖墙脚怎么办？摆在眼前的事实是，你单方面提出结婚的想法他没有回应，只能说明你没有自己描述的那么美好。根本就是你想结婚被男人拒绝了嘛，你还好意思说确定这个男人很爱你，真不知道你哪儿来的这份自信。

至于男人为什么只对你好却不想结婚，我想了一下，大概有以下几种情况。

第一种是他根本不想娶你。我说过，男人会和聪明的女人谈恋爱，却只会把看起来傻傻的女人娶回家。所以你是理想的恋爱对象还是结婚对象，只有他自己心里知道。另外一点，并不是所有人谈恋爱都是以结婚为目的的。当然你也不必把这种人全部看成是在玩弄感情，爱情的终极目标是不是婚姻这个问题是可以商榷的，没有婚姻的爱情一样会刻骨铭心，一样可歌可泣，只不过这种情况一般都是其中一个先死了，比如《泰坦尼克号》。对于普罗大众而言，一段好的感情当然期待有好的结果，尤其是女性。如果男人真的不想结婚，我个人觉得应该提前说出来，这样至少不会误人青春。

第二种是没玩够。你知道，男人都是贪玩的。很多女生认为找了男朋友自己就不再是单身，但是对于男人而言，结婚才是真正意义上的告别单身。这就能解释为什么很多男人有了女朋友还会和其他女人搭讪，因为他们认为只要没有领那张契约，自己依然是自由身。遇到这种贪玩的男人，就算你是非常理想的结婚对象，他可能也会拖上一阵子。

第三种是迫于现实压力。没有物质的爱情是一盘散沙，没有物质的婚姻像玩过家家。爱情毕竟存在理想，而婚姻则是最现实不过的东西。从男朋友变成丈夫是一个实质性的角色转换，意味着要组建一个家庭，甚至要迎接下一代的到来，这对于男人来说是承担了一份责任，也是接受了一份挑战。所以很多自身条件有限的男人很怕提起婚姻，他们不是不想结婚，实在是不敢想。

综合来看，你的情况应该属于第一种，就是你还没有优秀到他想娶的程度，或者说你并不是他最理想的结婚对象。既然他不主动捅破这层窗户纸，对你也不错，那就先享受这份他对你的好，这又有什么关系呢？**结婚并不能证明你就是个成功的女人。只有实在缺少魅力的人，才会火急火燎地要把自己嫁出去。**

07.

你可长点儿心吧

问：和男朋友在一起三年。一年前他出轨了，因为我总依赖他，总是遇到事情就让他帮我想办法。后来一个假期不联系，他在没说分手的情况下和N个大龄熟女聊天，并且和其中一个女人发生过两次关系。后来我问为什么是两次，他说因为第一次他秒射了，不想让那个女的瞧不起他，于是在同一天有了第二次。经过他的跪地求饶哭天抢地，我原谅他了，并且现在还在一起。我是不是极品？现在很多时候想起以前的事还是会介意，遇到事情也很容易吵。大大，出过轨的男人还可以再接受吗？

答：你确定你不是来耍我的吗？明明已经接受了男人出

轨，却还跑来问我要不要接受。不过你描述的这个男人有一定的代表性，所以才引起了我回复你的兴趣。

出轨的男人要不要再接受？这个问题简直烂透了，是抱着一次不忠百次不用的态度当场宣判死刑，还是再给一次机会等着对方浪子回头，这两种对待方式都没有错，关键看你自身处于什么样的状态。就好像在饭馆吃饭发现菜里有根头发，当然是会被恶心到，决定视而不见继续吃，还是当场翻脸从此不再去这家饭馆，完全取决于你是不是有钱吃得起另外一家。如果有一个吴彦祖在等你，放弃一个王宝强根本不算什么，更何况还是劈过腿的王宝强。

既然没有更好的下家，你也接受他了，那么就要把这一篇彻底翻过去。有句俗话叫作吃得咸鱼抵得渴，如果介意，当初就要毅然决然分手，选择接受，就不要总是翻旧账，没有折中的办法。这样下去男人内心即使有点儿愧疚，很快也会耗光，到时候指不定会做出什么让你崩溃的事来。

说实话，你这位男朋友是渣男里档次比较低的，属于入门款。两个人谈恋爱，你不依赖他依赖谁？女生遇到困难不找男生解决难道要找政府解决？这都能堂而皇之地成为出轨的理由，并且你还相信了，真是替你的智商捉急。你要时刻做好准备，他以后还会因为你饭量太大出轨，因为你穿衣服不好看出轨，因为你胖了三斤出轨……

男人的自尊心有时候真的很荒唐，他害怕劈腿对象看不起他，所以要来第二次证明自己的实力，那么向你跪地求饶哭天抢地怎么就不怕你看不起了？事实证明，渣男都是自卑与自负的结合体，有时候过于要脸，有时候又过于不要脸，总之要得都不是地方。不过你居然会有兴趣去了解他劈腿的细节，也是奇葩得可以。用三年的时间证明自己爱了一个渣男，代价不能说不大，如果仅仅因为舍不得这三年时间搭上自己的后半辈子，那才是真正的悲剧。

我只想对你说，你可长点儿心吧。

08.

砒霜还是蜜糖？总要自己去尝

问：好大，我今年二十岁，没有谈过男朋友。身边的女性朋友都在抱怨男人很渣，得到了就不会珍惜什么的，听她们说好像世界上根本就不存在好男人，搞得我都不敢谈恋爱了。我想问的是，男人真的都像她们说的那么坏吗？灵魂知己就不存在？男人亲近一个女人就是为了性？

答：你问了好几个问题，先说第一个。在我看来，有一种人会到处宣扬“男人没有一个是好东西”，那就是对世界已经绝望的怨妇。很不幸你的交际圈充斥着这种人，你已经被她们身上的负能量影响了，先为你默哀三分钟。

当下很多女人总喜欢轻易地给男人下结论，比如“不宠我就是渣男”“不及时回我微信就应该去死”“忘记我生日就应该一枪爆头还要鞭尸”。这种简单粗暴的腔调说到底就是自私加自以为是，她们的职责就是给男人挑毛病，心里觉得吴彦祖都配不上自己。其实任何男人都是独立的个体，不能简单地用好坏来划分，即使在人品上能分出好坏，还有爱你或者不爱你，适合或者不适合你。每一段感情都是一对一的单打，总要亲身体验过才能得出结论，像你这样既没吃过猪肉也没见过猪跑就开始谈猪色变，猪岂不是太冤了？

第二个问题，爱和性不能分割这种常识我想应该不用普及了。男人亲近你是出于喜欢，当然也包括性，要不然亲近你干吗？求你保佑他发财吗？你又不是观音菩萨。我承认有些男人是以上床为目的欺骗感情，但你不能理解成所有的男人谈感情都只是为了上床，毕竟脑子里只想着交配的禽兽还是少数。性不是洪水猛兽，只要做好保护措施，那简直是人间头等美事，等你经历过就知道了。

另外，我不觉得男女之间存在纯粹的友谊，至少不能成为灵魂知己。电影电视里那些灵魂知己都是一开始存有爱意，因为阴差阳错走不到一起，到老了彼此都还留着一份念想。这仅仅是友谊吗？当然不是。男人如果对你没有想法，他们宁可窝在家里和哥们儿一起玩《英雄联盟》也不会花时间陪你聊天、逛街。所以如果有人告诉你男女同床共枕只是好朋友什么都没发生，根本不能相信。当然，也有不想上床只是陪你聊天喝酒逛街听你倾诉衷肠的男人，那是因为他喜欢的不是女人。

和男人相处是个熟能生巧的过程，没有谁会天生擅长。别人的经验教训可以借鉴，但决不能抱有先入为主的观念。**爱情没有模式，也没有套路，一切都要你自己去尝试，**我想你现在最应该做的就是远离朋友圈里那些负能量爆棚的人，然后找个男生，尝尝爱情的滋味。是甜还是苦，总要尝过才知道。

09.

谈爱情就见外了

问： 和他在拉萨认识，是那种坚毅刚烈的藏族汉子。他主动追我，虽然刚刚认识，感觉却像久别重逢的故人，不知道这种感觉好大能不能体会，总之他是能懂我的人。我们第一次上床之后大概五天我离开拉萨，电话里他哭着跟我道别，之后再发信息就基本消失。为什么？麻烦的是我感觉自己已经爱上他了啊。

答： 如果你不是海藻头发的波希米亚风，一定就是安妮宝贝（哦，不对，现在改名叫庆山了）笔下的银镯棉布女子。觉得俗世中没人能理解你对不对？觉得满身忧愁无法排解对不对？男朋友劈腿让你怀疑人生了对不对？所以要去一个澄澈明净的所在，在布达拉宫寻找失落的灵魂。与风一样的男子产生了一段纠葛，他有着最无瑕的笑容与最纯粹的心灵，带你进入一场超凡脱俗的旅行……是这么说的吧？我必须一棍子打醒你们这些文艺女青年，在这种风一样的男子眼里，和你约炮就是约炮，谈爱情真的就见外了。

我知道你不服，觉得我这是在羞辱你。好吧，你有没有看过一个著名的故事，一个在成都上学的西藏小伙子，每当放暑假就回到拉萨，穿上油乎乎的藏袍，游走在八廓街大昭寺周围，寻找一夜情。目标就是去寻找灵魂的文艺女青年。不知道你遇见的这个男人是不是他。

道别的时候哭，那是因为不能再免费睡你了呀。为什么不回电话不回信息？因为还有很多你这样的姑娘等着他去解救，睡都睡不过来，根本没空理你呀！答应我，像正常人一样去谈恋爱好吗？为什么你们在都市里总是失恋总是得不到？就是因为你们太作。不是一定要营造出悲伤的氛围才叫刻骨铭心的爱情。找个普通男人，一起享受世俗男女的人生乐趣不好吗？不要再做人群中的另类了，那样看起来很傻很装×。爱是愉悦、是欢乐，不是疼痛。

10.

我不是教你使诈

问：分手半年了，彼此都没找另一半，偶尔见面。分手原因是我向他坦白我和初恋发生关系时不成熟没做好保护措施，做过一次人流。他接受不了。我们房子装修好了，原本定好明年结婚的，半年了，特别痛苦，求开导。

答：你的经历再次验证了江湖上那句盛传已久的话：出来混，总是要还的。你今天的遭遇，是在为当初的少不更事埋单。虽然那次人流的主要责任不在你，但你没有坚持采取措施，算是共谋。这是世间法则，你得服。

如果我是情感导师，这时候一定会给你灌几口“女人要把自己当作珍宝，别人才会视你如珍宝”这种鸡汤。年轻时面对激情欲望，擦枪走火在所难免，能够处处把握好分寸反倒显得奇怪。所以，我并不觉得意外怀孕是不得了的事，更谈不上人生污点。相反，我很佩服你向男朋友坦白的勇气，也说明你对他是真爱。

年轻人犯错上帝都会原谅，可惜上帝不是你男朋友。只能说你错误地估计了形势，也高估了男朋友对你的爱。不记得谁说过，男人要有勇气面对无法改变的事，也要有能力避免不应该发生的事。这种状态当然是极好的，但又有几个男人真能心大到对女朋友曾经堕过胎这种事毫不介意？若真的毫不介意，那就是根本不爱你。虽然我无比希望你男朋友能冲破心理障碍，重新和你在一起，但是毕竟过去半年，你要做好失去他的准备。

恋爱中的人总是喜欢窥探彼此的过去，所以女生都会被问到有过几个前任、“是我厉害还是前任厉害”这种问题。很多女生都本着诚信为本的宗旨，觉得爱一个人就要告诉他真相。你！们！错！了！当你对现任说出有十五个前男友、第六任比较厉害等诸如此类的实话的时候，你知道吗，他嘴上说“我不介意，那都是过去的事了”，其实内心在滴血。

你们这段爱情，可能就在那一刹那，开始走向死亡。

诚实是美德没有错，但是用错了地方往往就是自找麻烦。遇到以上这些问题，打死也只能说有两个前任，超过了这个数男人会觉得你对待感情太随便，而只有一个则会觉得你行情太差。至于“前任厉害还是我厉害”，一定要说：“宝贝，你最厉害！”万一遇到奇葩男友非要比较，最好是回避，顾左右而言他，实在混不过去就说不记得，这样在现任看来，那些男人对于你来说已经是彻底的过去式，根本不会放在心上了。至于意外怀孕这种更严重的问题，个人觉得，如果不是身体受到严重伤害会影响以后怀孕的话，不说，更加保险。

我不是教你使诈，感情中很多事，不知道远远好过知道。有句话叫作水至清则无鱼，爱情更是如此。在不伤害任何人的前提下，轻度使诈，并不等同于欺骗。我知道，你觉得说出来会让自己心安，也是对感情负责，然而诚实坦率并不意味着一定会得到体谅。说出来就像是打开了潘多拉的盒子，可能再也回不去了，也像是一场赌博，赌的是男朋友足够宽厚雅量，足够爱你。还是那句话，**既然愿赌，就要服输。**

11.

有一种病叫直男癌

问：男朋友事业不错，情商却很让人无语，永远猜不透我的小心思。生病了让我多喝水这些就不说了，昨天看了个电视剧，我问他如果有一天我像女主角一样突然失踪了，他会不会跋山涉水冲破艰难险阻找到我，他说："你病得不轻，该吃药了。"我好难过，是不是他心里根本就不在乎我？

答：首先我要恭喜你，你的男朋友是一枚直男，纯的。面对当下遍地都是小扳手的恶劣环境，你丝毫不必担心他会被掰弯，这是很值得高兴的。

另外，你知道安利……哦不，知道有种病叫直男癌吗？

这是经过“权威专家”诊断并确认的，把男人在恋爱中神经大条、不解风情、大脑短路统称为直男癌，你的男朋友就是患者之一，该吃药的不是你，而是他。

我知道你有点儿不爽，所以把比你更惨的遭遇说出来让你爽一下。我有个朋友在公司收到了男朋友送的花，嘴上说“哎呀何必去买这些华而不实的东西”，其实内心开心得要死。男人听了后说：“哦，那以后不送了，等到给你上坟的时候再买。”

再说另外一桩，我的表妹新交了个男朋友，确定关系后男人便不再叫她的名字，改叫宝宝。她其实知道这是爱的称谓，偏偏还要去问：“你为什么要叫我宝宝呢？”男人回答说：“不叫你宝宝难道要叫贱人吗？”

知道很多人和你遭遇一样是不是开心多了？坦白地讲，直男癌患者就是单线思维的物种，永远找不到正确答案回答问题，也看不出你是生气还是撒娇，更看不到你内心的独白。和他们谈恋爱，你要不断地提醒自己，他还是个孩子。不要再演内心戏了，把真实的想法和需要直接说出来，比如“你这样我会很不高兴哦”“你如果认真陪我逛街会有奖励哦”，或者直接说“我不开心，我要买个包包”……这样虽然你会觉得很无趣也不浪漫，但至少不会把自己憋到内伤。要知道，男人的功能毕竟是有限的，孔武有力、会赚钱并且舍得给你花钱已经很棒了。不要太贪心，就像你冷的时候，空调只会提高温度不会过来抱你，电冰箱只会给食物保鲜不会说我爱你。

他在乎或者不在乎你，其实你内心可以感受到，并不能通过一两句话来判断。如果确定他不是因为讨厌你才说出那番话，那么我要告诉你重点了，对于男人来说，情商固然重要，但责任心更重要。男人的情商都是女人调教出来的，所以花花公子最会讨女人欢心，遇到一个情商不高的男人总好过遇到花心大萝卜，他把你哄得团团转的同时也在哄另一个女人开心，这难道不是更恐怖的事吗？

12.

即使很有爱，也要饭岛爱

问： 我男朋友趁我睡着了背着我看AV（成人电影）手淫。我被他打开电脑的声音吵醒了，问他大半夜的不睡觉干什么呢，他很直接地告诉我看AV。我寻思他跟我开玩笑呢，再问他时还是说看AV。我跟他说赶紧睡觉，他竟然很不耐烦地说："你有病吧？"我瞬间感觉自己的人格被侮辱了。想啪啪啪[1]不碰我身体自己看AV解决了，他是怎么想的？难道对我没感觉了，是不是要出轨的节奏？

答： 首先你应该庆幸，他看的不是GV[2]。这种事对于男人来说太正常了，男人看AV就如同女人看美食节目，看了不见得真做，不要什么都和出轨联系上好吗？

很多女生都有和你同样的疑惑：为什么有了我，他还要看AV打手枪？先不要把这个问题上升到道德层面，与对你失去兴趣也无关，就好像你虽然有了男朋友，偶尔也会出现意淫对象，只是女人停留在幻想层面，男人则表现得更为直截了当。

有个外国笑话，说的是一对夫妇参观一个牧场，牧场主带他们参观牛棚，当看到一头脖子上挂着银牌的公牛时，女人问：“为什么给它挂银牌？”牧场主说因为它一个月可以交配十次。女人看了一眼丈夫说：“老公你看！”接着又来到一头挂着金牌的公牛面前，牧场主说它一个月可以交配二十次。女人比刚才提高了八个分贝，大声说：“老公你看呀！”男人幽幽地说道：“你问问他，这些公牛都是和同一头母牛交配的吗？”

审美疲劳是在所难免的，即使面对千颂伊，长年累月下来也会变得麻木。虽然说出上面这个故事你可能又要责怪男人喜新厌旧，但这是人性的规律使然，回避也没有意义。难得的是你男朋友只是用自己的右手解决，并没有出去乱来。男人靠着欲望去打拼事业、征服世界，激素分泌的旺盛程度直接决定了男人的战斗力，所以偶尔看看AV发泄一下，也就不会觉得那么奇怪了。

我相信你一定不是假装正经的道德圣母，不会因此觉得男朋友灵魂肮脏甚至是变态狂。至于他正在兴头上你跑去制止，男人面对这种突如其来的尴尬，在惊慌失措的状况下变得粗暴，也属于正常反应。事后说他两句就得了，总之无须提升到人格被侮辱的高度。

善解人意的女人总是更能得到男人的疼爱，所以在面对不触犯底线的问题时最好不要使用雷霆手段。要解决男人背着你看AV打手枪的问题，最理想的办法就是和他一起看，不仅可以开阔思路，也可以增进感情，这不是更美妙的事吗？简直是居家旅行必不可少的良方。

[1] 网络流行语，指做爱。
[2] 即Gay Video，男同性恋影片。

13.

一片真情，换回假货

问：我男朋友说要给我惊喜，他托朋友在国外买了个LV的Vivienne送我，并且告诉我花了三万块，但是我拿到手发现是个假的。接着我发现他是为了省钱买了个假货给我。重点是我根本没叫他给我买这个包，是他自己说要送我的。目前我还没拆穿他。完全不懂他是什么心理啊。请问，我应该怎么办？

答：同为男人我都有点儿脸红，简直不想用任何文字去评价你这位男朋友。

看到你的遭遇，我想起一个土豪朋友，买了颗钻石准备向一位女生求婚，他告诉我说，如果对方爽快答应了钻石就不拿出来，留给自己。如果不答应，就拿出来气气她。给你讲这个故事是想告诉你，屌丝心态是无法改变的，即使成为亿万富豪，他也会想着用最低的成本去泡妞。

你碰到的这个问题似乎更加严重。钱不在多少，礼物也不在轻重，一个男人哪怕穷得只剩下一百块，如果他愿意为你花九十块，那么这种感情也一样弥足珍贵。没钱只是能力问题，偷奸耍滑则是人品问题。是可忍，孰不可忍?

如果你硬要让我分析这是出自什么心理，我只能说是“蠢”！我不知道你男朋友小时候是否被门夹过脑袋，总之他这样的做法拉低了男人这个群体的智商。不得不承认有些人是进化不完善的，所以才会有很多触及底线的奇葩事迹广为流传。渣男谈恋爱是要时刻计算成本的，因为他已经把你搞到手、上过床了，所以没必要再追加三万块的成本去买个真包，我很担心说出这个真相你会干出杀人放火的事来，可事实就是如此。

另外就是抱着侥幸心理，万一没发现呢？就可以顺利省下三万块。男人很多时候都会抱有这种心理，比如撒谎、出轨等，万一没发现就可以蒙混过关，却很少有人去想万一被发现了怎么办。机智的女人总是一边嘲笑男人幼稚愚蠢，一边用“男人成熟比女人晚，又比女人死得早，让让他们得了”来安慰自己。要不然怎么办呢？毕竟孤独终老是更可怕的事。

我不知道这件事是否足以导致你和他分手，但是这个男人的确low[1]爆了。有句话叫作爱你就要给你最好的，我觉得说得有点儿绝对了，但至少不能成心送假的。一份真情换回一款假包，和一片真心喂了狗没什么区别。

这种事见得越多，越觉得诚实本分是多么可贵。**好男人可能平常不会给你那么多惊喜，却会一步一个脚印地去创造你们的未来。**太多的惊喜就会出现假货，糖吃多了也会长出蛀牙，现实稳妥的幸福，虽然不那么浪漫，但总不至于崩溃你的三观。

[1] 低级，指人品位或者人格低下。

附录

薛好大精彩语录

THE TRUTH
ABOUT MEN

Ⓜ 没有人会蠢到让一台洗衣机既会洗衣服又会做饭还能拖地，对待男人也应该有这样的态度。帅气富有的可能花心，诚实善良的可能缺乏情趣，愿意花很多时间陪你的可能没本事赚钱……当然，如果一个男人在你面前表现得过于完美，那么结论只有一个，他是装的。

Ⓜ 男人和女人相处，在某种程度上和游戏是一样的。感官刺激、新奇、技术含量缺一不可，并且要有一定的难度系数。以上条件的级别越高，男人迷恋你的时间越长。试想一下，如果你只是一款连连看的话，几天也就腻了。

Ⓜ 没有幸福是不请自来的，要跑着追求、跳起来争取。我们不能一开始就确定要和谁相伴终老，当然要遭遇不同的人，所以有甜蜜，也有伤害。把甜蜜留在心里，把伤害留给时间。

Ⓜ 或许很多人都有这样的疑惑：我知道自己很普通，所以对爱

情并没有过高的奢望，真心付出，以诚待人。为什么总是抓不住幸福，反而被伤得一塌糊涂？我想，一定是上帝知道人生道路漫长，有坦途，也有坎坷，所以趁你还年轻，把不太好走的路放在前面，让你先走过。

Ⓜ 对自己有要求的人，都会得到更多的好感与尊重。活得精致优雅还是草率邋遢，完全是个人选择，与别人无关。只是如果你放任自己胖到一百八十斤，出门连头都不愿意洗，就不要抱怨男人被碧池抢走，这也是世间法则，要接受。

Ⓜ 很多时候都会听到，某女生恋爱以后变得好看了，某男生恋爱以后变得没那么土了。是的，爱情可以让人变得对自己有要求。其实单身并不可怕，可怕的是很多人会因此放弃自己，比如夏天男生不洗澡，女生不刮腋毛。

Ⓜ 如果你倒追男人，即使他对你存有好感，他也一方面会觉得

你行情很差很缺爱，主动送上门的东西肯定不会太好。另一方面就是会觉得你对待爱情很随意。男人在这方面很敏感，表现得过于热情，很容易让人联想到碧池。所以合理的状态是猎人追逐猎物，猎物反过来追捕猎人，不是野猪就是母老虎。

Ⓜ 好看又难追的女人就像热门饭馆，男人可以为之付出很多代价，可一旦尝试过了，就没人愿意天天去同一家饭馆排队，不如选一家方便快捷、味道还行的。不过时间长了总是会腻，所以又开始惦记另一种味道。

Ⓜ 一段好的感情，不需要那么多波澜壮阔，也不需要那么多刻骨铭心，只是相互怀着感恩的心走过那段人生路。即使有那么一天走不下去了，温柔道别。等到各自老去，偶尔想起，曾经有那么个人来过，感觉不算太坏。

Ⓜ 有一种女人，天生丽质，她们不需要说话，只要站在那里，一个眼神，就有风情万种，比如早年的王祖贤。另一种女人，年轻时并不美，随着时光的打磨，逐渐散发出让人无法抗拒的魅力，越成熟越美，比如梅艳芳。可惜对于大多数人来说，从来都没有美过，就这样老去了。

Ⓜ 恋爱中，有的人精明细致，眼睛里容不下沙子，希望感情透明、纯净；有的人迟钝粗放，不过多追究细节，觉得宽厚容忍可

以走得更远。我不知道二者孰优孰劣，只知道，表现得比较傻的一方，往往爱得更深。

Ⓜ 可以互补的人在一起或许能更长久，各自都足够好看足够优秀反而不容易相处。就好像全是球星的球队永远得不了冠军，也像有些人五官单拿出哪样都很完美，可攒到一块儿，怎么看都不是那么回事。

Ⓜ 真正爱你的人，不会把想念挂在嘴边，也不会轻易说爱你，只是每天重复“好好吃饭”“早点儿休息，别太累”……一切看似都很平淡，甚至会令你觉得无趣。这就是所谓的“惊觉相思不露，原来只因已入骨”。

Ⓜ 真正的爱情是彼此都没有退路，一旦分开就像死过一次。抱着“能过就过，过不了拉倒，老子明天就能找个比你强的”的心态，即使经历了一百次，也不算真正谈过恋爱，只是找了一百个人上床而已。

Ⓜ 努力改变自己就可以让一个人从不喜欢你变成喜欢你？我不相信。掩饰和做作可以换来真心？我不相信。用一个真实的自己去面对世界，去吸引那个同样不完美的人，这样不好吗？即使没有遇到那个人，获得幸福的方法有很多种，对于漫长的人生来说，爱情又算得了什么？

Ⓜ 现实生活里最难堪、最痛苦的日子一定是你独自承受的。只有少女之心不死，才能凤凰涅槃般浴火重生。等到你一个人也能过得很好的时候，才会有视你如珍宝的人出现。

Ⓜ 花男人的钱实在是门大学问，我见过的最高境界不是男人心甘情愿为她花钱，而是她得到了自己想要的一切，男人却始终认为她一点儿都不爱钱。

Ⓜ 有一种女人，在乎生活质量，却从来不控制男人的钱；从不开口要东西，让男人给得心甘情愿；敢于给男人空间，更懂得怎样使风筝不断线。这个世界，是属于她们的。

Ⓜ 年纪慢慢大起来，渐渐会明白，一段能够长久的感情，需要具备很多条件：必不可少的物质、彼此的真诚，最关键的是两人都习惯了同一种生活方式。换一个人从头开始，总觉得太麻烦。

Ⓜ 有两种人最值得珍惜，一种是能控制好情绪的女人，一种是有耐心哄你的男人。然而现实生活中，这两种人最容易被辜负。

Ⓜ 爱情任重道远，不是每个男人都能做到在中途不开小差看看风景，所以男人出轨这种事，就像天要下雨娘要嫁人，不是一定能预防或者控制的，不让你遇上，需要一点儿运气。

Ⓜ 不再相信你是比不再爱你更可怕的事。不再爱你，他日江湖相遇，或许还可以彼此问候，甚至还可以成为朋友；不再相信你，则是将你钉在耻辱柱上，无论你做什么、说什么都没有意义。

Ⓜ 不要去想值不值得，只要问自己愿不愿意。当然，或许你也会彷徨、疑虑，甚至觉得自己很傻。没关系，付出这种事是守恒的，即使你错付了一个人，也要相信，终会有另一个人来回报给你。

Ⓜ 男人总是在有点儿成就之后，念念不忘当初自己一无所有时陪在身边的那个女人，总觉得那才是纯粹的爱情。其实吧，如果那个女人重新回到他们身边，他们肯定是不会要了。

Ⓜ 男人之所以可以容忍你作，一是因为你美，二是因为爱你。可是这种容忍是很短暂的，因为你不会一直都美，也不会有一直爱你的男人。

Ⓜ 如果一个男人对你一味地谦卑有礼而又冷静，当然你可以理解成是因为爱你。事实上，他连朋友都不想和你做，只是不愿意得罪你。记住，没有男人爱上一个人时不猴急。

Ⓜ 你要知道，男人在社会上建立起来的自信，会被你一个质疑的眼神、一句不信任的话摧毁，变得像一个无所适从的孩子。是因为脆弱吗？不是的，是因为爱你啊。

Ⓜ 男人是这个世界上最怕麻烦的生物，其实想拴住他们不难，就是要让他们觉得换一个人很麻烦。当然，首先你自己不要太麻烦。

Ⓜ 像爱自己那样去爱一个人，你做不到；像原谅自己那样去谅解一个人，你也做不到。你说你为爱情付出太多……呸！我不信。

Ⓜ 很多贵重的东西，事后你会发现它们其实没什么用，很多爱情也是如此。当然，要等你买得起的时候，才可以说它们没用。

Ⓜ 男人看重对错，而女人只在乎态度。所以在吵架的时候，男人即使有一千种理，也会被女人的一句“你那么凶干吗”化为乌有。

Ⓜ 有些人在幻想，或许下一个人会是最好的；有些人在幻想，还会遇到以前那样的人。总之，都是活在梦里。醒来时，发现什么都错过了。

Ⓜ 误会本身并不可怕，可怕的是两个人都闷着不说，不断猜忌，不断想象，无限放大。于是，明明相爱的人，从此渐行渐远。

Ⓜ 如果你遇见一个体贴、有风度、懂女人的男人，别以为这些好品位都是天生的，你要感谢他的母亲，以及他的很多很多位前任。

Ⓜ 有的人认为恋爱没什么技巧，有钱就行，真是幼稚。你们哪

里知道，在女人的世界里，没钱的时候钱最重要，有钱的时候精神层面的东西最重要，你永远都差那么一点儿。

Ⓜ 最令人崩溃的不是大吵大闹，而是："你怎么了？""没事。""到底怎么了？""没事。""有啥不高兴说嘛。""没事。""那你怎么不说话？""没事。"

Ⓜ 一段感情中最可悲的环节，是不再争吵，审美坏死、信任崩塌，彼此都已看好一条退路，却还要互相藏着掖着，假装若无其事地甜蜜给所有人看。

Ⓜ 爱情的甜美之处或许并不是白头到老，而是在人生最好的那些时光，有人真心把你捧在手心里。

Ⓜ 不能给爱人想要的生活，是男人心底最大的痛，也是最大的无奈。然而很多人都不愿意表露出来，他们需要一些时间、一点儿谅解，以及一份坚定的爱。

Ⓜ 表达爱是极其复杂的，要付诸语言、行动、时间，等等；而表达不爱却极为简单，看到你某一瞬间的一个眼神，我就知道，你不爱我了。

Ⓜ 好的爱情，是平等的关系，男人可以送你包包，你也有能力

送他相应的礼物，这样彼此都会有存在感和归属感。在一起很好，不在一起了自己也会很好，不矫情，也不恐惧。

Ⓜ 爱意无法掩饰，不爱也无所遁形。当一个人不再爱你，反应再迟钝的人也能感受到，只是很多人不愿意面对，或者还抱有幻想，所以才会用热脸去贴冷屁股。

Ⓜ 天真是以毫无防备的状态面对世界，所以善良的人会保护你，邪恶的人会伤害你。期待一个经常伤害你的人良心发现，重新来保护你，那就不是天真，是蠢，即使你依然爱他。

Ⓜ 这就是爱情的奇妙之处，让你永远回味，有一个人曾经是那么爱你，却不能重新来过。

Ⓜ 答应我，即使你很想知道对方有多爱你，也千万不要经常去试探，那样显得很蠢并且最容易失去爱情。

Ⓜ 等一个人，恰如等一道菜，不管有多好，时间太长，你就不想要了。

Ⓜ “你变了”是句很蠢的话，和“你到底爱不爱我”差不多蠢。

Ⓜ 如果一个男人肯为你花钱，不一定是因为爱你；如果不肯为

你花钱，那一定是不爱你。

Ⓜ 你总是说，这不是你要的生活，你不快乐。可是真正快乐的人，我未曾见过。

Ⓜ 对很多人来说，不怕经受爱情的苦楚，怕的是付出了很多，却找不到对方爱自己的痕迹。

Ⓜ 对方有多少过去不重要，自己别成为过去很重要！

Ⓜ 把简单的事情复杂化是每个女人与生俱来的本领，无论美丑。

Ⓜ 动不动就提分手的人其实最怕分手，原谅他们吧，这种人不相信爱，也不相信自己。

Ⓜ 招男人疼的女人都招女人恨。

Ⓜ 那些常说感情要宁缺毋滥的人，其实只有缺，想滥都滥不成。

Ⓜ 记住，那些给你下过跪、舔过脚的男人，报复起来更加可怕。

Ⓜ 维系感情的不是新鲜感，而是打败一点一滴的消磨。

M 为什么会越来越难相处？因为大家都在以爱情的名义，爱着自己。

M 有些人谈了很多场恋爱，最终都没弄懂什么叫真正地在一起。

M 当爱一个人和恨一个人都变得很难，可能就是传说中的老了。

M 像个孩子似的经常犯错，无非是以为，你依然很爱我。

M 你所奢求的东西，在被宠着的人那里，都是理所当然。

M 不要用极端的情绪去对待爱你的人，好运气总有一天要花光的。

M 每一句“没关系，你忙吧”后面，都藏着一句“好想你陪我”。

M 不要觉得改变自己就能让某个人喜欢，改变自己，是让更多的人喜欢。

M 得不到的东西，都交给时间，因为总有一天你会不想要的。无论你怎样努力，留不住的人，终究是留不住的。

Ⓜ 许多年以后，你对小朋友讲的，除了吃饭、睡觉、上网还有什么？所以趁年轻赶紧去折腾，不要做一个没有故事的人。

Ⓜ 以前的“爱”字是有“心”的，后来嫌麻烦把“心”去掉了。所以现在的人对爱情都浅尝辄止，不走心了。

Ⓜ 当初通过一个眼神就能猜出你想要什么，后来对你直白的诉求视而不见，于是你诧异那个人是不是真的懂你。亲爱的朋友，他不是不懂你，是不想再懂了。

Ⓜ 一段感情，如果到了上来问“什么事”的地步，那就什么事也没有了。

Ⓜ 据说狼是很痴情的动物，一生只有一个伴侣，对方不在了，它会孤独终老。其实有些人也是注定要在一起的，分开了谁都活不成，也都没人要。

Ⓜ 男人要有共同爱好才能成为朋友，女人比较简单，一个美一个丑就行。

Ⓜ 以前相爱现在不爱是真的，不爱了又重新相爱也是真的，无须惊慌。

图书在版编目（CIP）数据

男人真相 / 薛好大著. — 长沙：湖南文艺出版社，2015.2
ISBN 978-7-5404-7036-4

Ⅰ. ①男… Ⅱ. ①薛… Ⅲ. ①男性 – 心理学 – 通俗读物 ②女性心理学 – 通俗读物 Ⅳ. ①B844.6–49 ②B844.5–49

中国版本图书馆CIP数据核字（2014）第277385号

上架建议：两性情感 · 心理学

男人真相

作　　者： 薛好大
出 版 人： 刘清华
责任编辑： 薛　健　刘诗哲
特约策划： 张应娜
特约编辑： 谢晓梅
封面设计： 吕彦秋
版式设计： 李　洁
出版发行： 湖南文艺出版社
（长沙市雨花区东二环一段508号　邮编：410014）
网　　址： www.hnwy.net
印　　刷： 北京鹏润伟业印刷有限公司
经　　销： 新华书店
开　　本： 880mm × 1230mm　1/32
字　　数： 140千字
印　　张： 8
版　　次： 2015年2月第1版
印　　次： 2015年2月第1次印刷
书　　号： ISBN 978-7-5404-7036-4
定　　价： 32.80元
（若有质量问题，请致电质量监督电话：010-84409925）